心安处是吾乡
苏东坡词传

似水流年 ——

著

远方出版社

图书在版编目（CIP）数据

此心安处是吾乡：苏东坡词传／似水流年著. ——
呼和浩特：远方出版社，2021.9
ISBN 978-7-5555-1368-1

Ⅰ.①此… Ⅱ.①似… Ⅲ.①苏东坡（1036-1101）
–传记 Ⅳ.①K825.6

中国版本图书馆 CIP 数据核字（2021）第 170737 号

此心安处是吾乡：苏东坡词传
CI XIN AN CHU SHI WUXIANG SU DONGPO CIZHUAN

作　　者	似水流年
责任编辑	奥丽雅　萨日娜
责任校对	安歌尔
封面设计	VIOLET
版式设计	赵艳霞
出版发行	远方出版社
社　　址	呼和浩特市乌兰察布东路 666 号　邮编：010010
电　　话	（0471）2236473 总编室　2236460 发行部
经　　销	新华书店
印　　刷	天津中印联印务有限公司
开　　本	145mm×210mm　1/32
字　　数	182 千
印　　张	7.25
版　　次	2021 年 9 月第 1 版
印　　次	2021 年 9 月第 1 次印刷
印　　数	1—5 000 册
标准书号	ISBN 978 – 7 – 5555 – 1368 – 1
定　　价	42.00 元

如发现印装质量问题，请与出版社联系调换

序　言

几时归去，作个闲人

刚刚送走大唐的满目繁华，便迎来大宋的耀眼星辰。那是一个烟雨迷蒙的朝代，亦是一个清新雅致的时代，至今仍让人们浮想联翩。当我们走进宋朝，会发现当时的人们除了火树银花般的日子，还有悲欢离合的岁月。苏轼，世称苏东坡。他就生活在那个时代，既有如诗般的生活，也有如剑般的时光；既体验过熠熠生辉的喜悦，也体验过爱恨别离的惆怅。

人生，似乎从一开始便要在他的身上酿一杯豁达的酒。他深知功名利禄皆是浮云，不过大梦一场；他亦知身在庙堂，本来就是为黎民百姓谋福。他怀着一颗炙热的赤子之心，在那个富有魅力而又充满苦难的时代沉浮。尽管他不愿参与党争，但无情的权力斗争还是将他卷入旋涡，让他不得不面对无数的别离与苦难，甚至危及性命，可是这又如何？

"大江东去，浪淘尽，千古风流人物""人生如逆旅，我亦是行人"，这是他的态度。

"吾上可陪玉皇大帝，下可以陪卑田院乞儿。"尘世滔滔，人心叵测，落入他光明的心地皆化为对人间的热爱，更化作一腔敢于为民发声的正气。

"归去，也无风雨也无晴。"人生苦难何其多，逆境总是以掩耳不及之势向他袭来，许多的无可奈何皆被他化为超然于物外的洒脱，无所谓短暂与永恒。

"人生到处知何似，应似飞鸿踏雪泥。"人生如梦，何必对人生的苦难耿耿于怀，不如放手让那些心酸、无奈的过往随风成尘。

才华横溢的他，在那个坎坷不安的时代，不仅谱写了美丽的诗词，而且将自己的人生谱写成一道绚烂的风景。

苏轼至今仍在我们心中绽放着耀眼的光芒。不仅是因为那些出自他笔下的华篇，更是因为他那至真至纯的秉性以及乐观豁达的人生态度。

苏轼思接千古，情系一身，在散文上与欧阳修并称"欧苏"，更与父亲苏洵、弟弟苏辙并列"唐宋八大家"。

苏轼挣脱浓丽艳词，手笔一挥就写出大宋的半壁风华，与辛弃疾并称"苏辛"；他的诗词理趣无穷、清丽绝妙，他与黄庭坚并称"苏黄";他斜管执笔、字字丰润，在书法上无视"书贵瘦硬方通神"的训则，自辟既肥又扁的字形来吐露风神，被尊为书法"宋四家"之首；他以诗写画、以画写诗，在绘画上依靠书法功法，借着充满诗意的灵魂和玲珑剔透的心灵，成为湖州画派的代表之一。

苏轼还精于香道、茶道，通音律，知稼穑。他在徐州抗过洪，在密州抗过旱，在杭州治理过西湖。

苏轼仿佛是一个无所不知、无所不能的奇人。试问有谁像他这般精通"诗、词、赋、书、画"？试问又有谁像他这般热爱生活中的一切美好？怪不得林语堂说：像苏东坡这样的人物，是人间不可无一难能有二的。他是天地间的凤毛麟角，不可多见。苏轼的人生于他自己而言，或许是一段沧海桑田般的旅程，却在后人心中荡开涟漪，令人久久无法平静。

人们对苏轼有无限的憧憬，无边的向往。每每读东坡词，总会产生一种豁达而洒脱的感觉，仿佛那些让人苦恼、纠结的事情都变得不重要了。在他笔下，文字不再是单薄无力，反而充满力量。这股力量借着文字传达给每一位读者，替我们掸掉心里的尘埃。

　　品一盏清茗，坐在黄昏细雨的小楼，让我们一同走进中国诗词的浩瀚天地，读着诗词，读着人生，寻找苏轼隐藏在绝妙华章中的点墨寸心。

目　录

第一章 年少轻狂：

应似飞鸿踏雪泥

宋景祐三年（1036 年），苏轼在眉山苏家诞生。苏轼在父母的陪伴下长大，有了豁达的心性。父亲苏洵虽科考失意，但深知两个儿子是可塑之才，便在苏轼二十岁那年，带他们离开蜀地，进京赶考。苏轼初涉仕途得欧阳修青睐，进士及第，尽显年少轻狂。

眉山世家

或许一切皆由天定，有的人一出生便注定不凡。不过，再有才华的人，如果没有良好的成长环境，也许就很难做出一番成就来。

宋景祐三年（1036年）十二月十九日，苏轼在眉山苏家诞生。眉山苏氏来自赵郡，故苏轼常自称"赵郡苏轼"。唐神龙初年，苏味道来眉山做官，后来在这里去世，留下一个儿子。过了三百余年，苏家逐渐人丁兴旺。苏氏家族有两条重要家训，一是淡泊名利，二是勤俭持家。这两条家训多年未变，一直影响着苏氏后人。

苏氏在眉山虽然算不得名门望族，但因为祖上乐善好施，渐渐积累了一些好名声，传至苏序这一代时已小有名气。苏序继承了良好的家风，淡泊名利，生活俭朴。他出门不骑马、不坐车，更喜欢步行。他为人豁达，喜欢交友，无论达官贵人还是平民百姓都乐于与之结交。

苏序共有三个儿子，长子苏澹，英年早逝；次子苏涣；幼子苏洵。苏涣和苏洵长大后进京赶考，苏涣高中进士，留在京城为官；

苏洵则榜上无名，情绪低落地回到家乡，从此闭门不出，不再参加科考。

在生下苏轼之前，苏洵夫妇生过四个孩子，前两个女孩不幸夭折，后来生下一个男孩，取名苏景先，三四岁时也夭折了。之后，他们生了苏八妹。苏八妹长大后嫁给苏轼的表哥程之才，但因受到夫家虐待，不幸香消玉殒。苏轼出生时，苏洵已经二十七岁。在此之前，他不思进取，整天无所事事。但苏轼出生后，他突然像变了个人似的，"苏老泉，二十八，始发愤，勤诗书"。

转眼间，苏轼三岁了，他的母亲生了弟弟苏辙。母亲需要照顾弟弟，苏轼就跟着父亲一起读书，渐渐地培养起读书的兴趣。总的来说，苏轼的童年是幸福、安稳的。当时大部分孩子都在母亲身边长大，父亲则外出谋生，而苏轼从小就有父母的陪伴。父亲的严厉、母亲的温柔，使他的人格更加完整，在无形中培养了他豁达的心性。

宋元祐四年（1089 年），苏轼听闻柯侯仲在漳州救饥赢得民心，便写了一首诗《异鹊赋》，回顾了自己的童年生活。

异鹊赋

昔我先君子，仁孝行于家。
家有五亩园，幺凤集桐花。
是时乌与鹊，巢轂可俯拿。
忆我与诸儿，饲食观群呀。
里人惊瑞异，野老笑而嗟，
云"此方乳哺，甚畏鸢与蛇。
手足之所及，二物不敢加。
主人若可信，众鸟不我遐。"

故知中孚化，可及鱼与豭。

柯侯古循吏，恛恛真无华。

临漳所全活，数等江干沙。

仁心格异族，两鹊栖其衙，

但恨不能言，相对空楂楂。

善恶以类应，古语良非夸。

君看彼酷吏：所至号鬼车。

这里的"先君子"指的是苏轼已故的父亲苏洵，苏洵讲究仁义和孝道。家中有一座五亩的庭院，院子里开满了鲜花。春天鸟雀聚集，一起放歌，悦耳动听。苏轼和苏辙在院子里给鸟儿喂食，生活得十分惬意。因为家境不错，苏轼从来不用为生活忧心，一心只读圣贤书，且对周围的事物十分敏感。

曾经飞舞的小鹊，让他感受到生命的力量。小鹊面对挫折不屈不挠的精神，亦深深感染了他。人的一生不可能永远一帆风顺，总会有坎坷和挫折。这时，有的人心灰意冷，一味逃避，最终一事无成；有的人则将其当成是一种磨砺，努力提升自己，使生活有不一样的意味。

苏轼十分怀念童年时光，那富庶的蜀地，人杰地灵，风采非凡。那蚕市的热闹，商人的机智，都在他的内心留下了不可磨灭的印记。

宋嘉祐八年（1063 年）正月，苏轼在凤翔为官，苏辙在京侍奉父亲。看到北方的新春风气，苏辙想起家乡眉山的习俗，便写了一首《蚕市》寄给苏轼。苏轼读后感触良多，以《和子由（即苏辙）蚕市》作为回应，回忆自己在蜀地生活的情形。

和子由蚕市

蜀人衣食常苦艰，蜀人游乐不知还。

千人耕种万人食，一年辛苦一春闲。

闲时尚以蚕为市，恐忘辛苦逐欣欢。

去年霜降斫秋荻，今年箔积如连山。

破瓢为轮土为釜，争买不啻金与纨。

忆昔与子皆童丱，年年废书走市观：

市人争夸斗巧智，野人喑哑遭欺谩。

诗来使我感旧事，不悲去国悲流年。

蜀地蚕桑业发达，每年春天都会有蚕市。但是蜀地人多地少，常常是千人耕种，却要养活一万人。辛苦一年，到了春天便又闲了下来，以蚕为市，尽情游乐。当时，他和苏辙还只是孩童，一有蚕市便丢下书本，跑到集市上玩。读了苏辙寄来的诗，他想起这些往事，感叹时光匆匆。

苏轼八岁那年，父亲苏洵进京赶考，再次落第而归，从此断了参加科考的念头，在家一边写文章，一边教育两个孩子。这一年，苏轼被送到天庆观读书。教书先生是道士张易简，张易简颇有学问，不好功名。当时有个叫李伯祥的道士，经常来天庆观与张易简论道。师父论道时，苏轼就在一旁静听。他的思想启蒙可以说就是从身边这些道士开始的。

苏轼有个同学叫陈太初，后来登科及第，但他一心求道，最终成为一名道士。陈太初身有仙气，带云而眠，和月而醉，任西风吹打，他只看残霞映照。这是秦观对陈太初的描述。苏轼对道家的仙风道骨和超越世俗的从容与潇洒也十分向往。

读书之余，苏轼喜欢往后山跑。苏辙比他小两岁，五岁时才和他一起念书。他常常带着弟弟四处游玩，徜徉于山水之间。他热爱家乡的山山水水，对未知事物充满了好奇。他时常在泉水边奔跑，在大石上跳跃，甚至独自上山寻找奇花异草，无忧无虑的生活让他感受到前所未有的快乐。苏轼后来不为世俗的眼光所束缚，无论遭遇多大打击，都能保持积极乐观的求索精神以及旺盛的生命力、创造力，这正是眉山的自然风光赋予他的精神财富。

在苏轼的成长过程中，如果说父亲苏洵是个引领者，那么他的伯父苏涣就是榜样。作为眉山的第一个秀才，苏涣读书认真刻苦。苏轼听了伯父的事迹后，心里十分敬佩。

苏轼十二岁那年，爷爷苏序去世。按照规矩，至亲离世，在外的子女需要回乡守孝。于是，苏涣回眉山住了两年。在此期间，苏涣给予苏轼两个忠告：其一，一件事情没有做完，就不能停止；其二，如果才华比不过别人，那就要更加努力，尽量不犯错误。

两年的时光匆匆而过，苏涣要回京复职了，苏轼内心十分不舍，在目送伯父离开时，他在心里暗暗发誓，将来一定要有所作为。

经过刻苦攻读，苏轼的才华越发出众，父亲苏洵为此感到十分欣慰，并想请一些名士来教导他。一天，苏洵带着苏轼去拜访老友刘微之，刘微之恰好在写诗，诗名为《鹭鸶》，最后两句是"渔人忽惊起，雪片逐风斜"。苏轼读后似有所悟，低声道："诗确实是好诗，可惜最后两句没有归宿，若是改为'雪片落蒹葭'，意味就大不一样了。"刘微之闻言大赞。

不过，才华初露的苏轼始终保持着平常心，父亲对他的要求也更加严格，他渐渐习惯了早起早读，并乐在其中。

佳偶天成

苏洵尽管人到中年时仍未入仕途，但对两个儿子的要求从未降低，尤其是对有"少年天才"之誉的苏轼。苏轼十八岁时，苏洵打算带他和苏辙进京赶考，不过在那之前，苏洵想让儿子们先完婚。原来，宋代礼教森严，婚姻讲究门当户对。进京赶考的未婚男子，一旦高中，一般会成为京城达官贵人的乘龙快婿，婚姻无法自主。不如在科举前娶亲，娶一个同乡女子，知根知底，合心合意。就在此时，苏轼遇到了生命里的红颜知己——王弗。

苏轼一表人才，玉树临风，是远近闻名的才子；而王弗是乡贡进士王方之女，家世显赫，是眉山少有的名门望族。年方十六的王弗深得蜀地灵气，聪慧谦谨，知书达理。他们结缘于唤鱼池，成就了一段千古佳话。

当时，王方见爱女日渐长大，便开始考虑她的婚姻大事。青神山壁有一处鱼池，当游人拍手时，池中的鱼儿便争先跳出水面，场面惊奇且壮观。王方想了一个主意，决定给这鱼池立个招牌，征集好名。告示一出，眉山的青年才俊便纷纷前来为奇景题名。然而，没有一个能入王方的法眼，不是太俗，就是不够贴切。就在王方摇头叹息之际，苏轼刚好到此地游玩，他略一沉思，挥笔写下"唤鱼池"。池中有鱼，呼则便出，用"唤鱼池"这个名字再贴切不过了，众人皆拍手叫好。

王弗听闻父亲为鱼池征名，好玩的她也想凑个热闹，便让侍女将自己的题名送过来。红纸铺开，只见上面赫然写着"唤鱼池"三个字。真是不谋而合，佳偶天成！

很快，苏轼与王弗的婚事就定下来了。他们从未谋面，却心有灵犀，月老的红线不知何时绑住了他们，在最好的年华将他们的心牢牢拴在一起。

琴瑟和鸣，一切顺理成章。婚后，苏轼与王弗十分恩爱，两人性情相投，夫唱妇随。虽为进士之女，但王弗一开始并没有向苏轼夸耀自己通晓诗书。每次苏轼读书，她就陪伴左右，体贴入微，让苏轼十分感动。有时，苏轼忘记了书中内容，她便在一旁悄悄提醒，苏轼感到惊奇，又问她书里的其他问题，她都能对答如流，苏轼对她不禁刮目相看。

后来，苏轼到凤翔为官，王弗不仅是他生活上的好妻子，操持家事，对他关怀备至，而且是他仕途上的好帮手。苏轼生性豪迈，待人接物总有疏忽的时候，无论好人坏人，他都以好人相待。而王弗有知人之智，每次苏轼接待客人，她就在屏风后静听。待客人离开后，她便将自己的想法和建议说出来，哪些人做事过于直率容易闯祸，哪些人处世圆滑易受其骗，哪些人处世谨慎值得深交等，使苏轼心中有了一杆秤，两人的感情也因此愈加深厚。

宋至和三年（1056 年）春，苏轼离开生活二十年的眉山，跟随父亲进京赶考。谁也没有料到，此次出蜀竟诞生了三位文学大家。

苏洵大半生追求功名，却几次科考均未能如愿，最终留在眉山，勤读诗书。他知道两个儿子才华过人，但也没有必中的把握，于是决定先去益州拜访老友张方平。

张方平是北宋名臣，曾官至翰林学士、御史中丞。苏洵父子三人离开眉山时，张方平正外放益州知州，他很欣赏苏洵写的文章，也曾向朝廷举荐过苏洵，但最后都不了了之。这一次，他见到了年轻的苏轼，苏轼过人的才华、丰富的学识给他留下了深刻的印象。

张方平得知苏氏父子要进京赶考，便写了一封举荐信，让苏洵带去京师，交给大名鼎鼎的欧阳修。有了这封举荐信，苏洵心里踏实多了。随后，他带着两个儿子离开益州，穿过剑阁，翻过关山，进入关中，来到洛阳，再由洛阳入汴京。此时的苏轼对未来充满希望，但因为想念家乡，思念妻子，他眼中的客舍也披上了浓浓的愁绪。

一斛珠·洛城春晚

洛城春晚。垂杨乱掩红楼半。小池轻浪纹如篆，烛下花前，曾醉离歌宴。

自惜风流云雨散，关山有限情无限。待君重见寻芳伴，为说相思，目断西楼燕。

西都三月，美丽的洛城，这是一个美妙的夜晚，放眼望去，杨柳低垂，红楼半掩。微风轻轻吹过，不远处的小池里荡起了波纹，苏轼发觉这波纹竟生出花样图案。

他想起了远在家乡的妻子，那是烛下一起漫读的温馨，梅花前相会的浪漫。一股浓情厚谊油然而生，勾起了他心底最深的思念。他们是如此相爱、如此情深，如今却风吹云散，分隔两地。但是，那崇山峻岭也无法隔断他的思念，他相信总有一天能越过关山，再次与妻子相依相伴，永不分离。他望呀望，一直望到曾经的西楼前，看见那如燕般的倩影为止。尽管眼前是层层客舍，但也阻挡不了他渴望归家的心。

这首词是苏轼早年难得的佳作，情真意切，下笔不凡。"乱掩"绘声绘色，"如篆"如笔神来，仿佛蒙上了一层又一层阴影，思绪在春风中摇曳不定。由眼前之景入情，情更真，意更切，曾经的同甘共苦，曾经的刻骨铭心跃然纸上，就连阻隔他们的千里关山，也只是"有限"而已。

思念总是痛苦的，年轻的苏轼何尝不明白这个道理，他只是情难自禁。不过，他是天生的乐观派，既然如此，那就坦然面对。分别再苦，相思再痛，总会有相聚之时。他的内心渐渐平静下来，未来的路还要继续，他必须勇往直前。最深情的告白不是日日相伴，而是给她最好的未来。他了解妻子的性情，她也时时刻刻在盼望他能高中而归。他不想让她失望，决心全力以赴。

翻过秦岭之后，苏轼父子来到了京城。至此，他们离开家乡已经两个多月了。他们寄宿在僧庙之中，参加了礼部举行的初试。所谓初试就是初选，由礼部监考，选择合适的人选参加来年的殿试。

殿试由皇帝亲自主持并选拔人才，高中者便能入朝为官，这是当时所有寒门学子进入仕途的唯一途径。寒窗苦读十余年，只为有朝一日能在科举考试中一展拳脚。因此，苏洵对两个儿子的教育从来不敢懈怠。在父亲的影响下，苏轼、苏辙每天鸡鸣即起，开始晨读。一开始是父亲怎么说，他们就怎么做，到后来便是自己主动下苦功，读书破万卷。

大浪淘沙，只有精英才有机会留下来。礼部初试是第一道关卡，他们挥挥笔，弹弹墨，全都顺利通过，获得了来年参加殿试的机会。

为了准备殿试，父子三人决定先留在京都。其间，苏洵积极结交当朝权贵，拜访了德高望重的欧阳修；苏轼、苏辙毕竟年轻，对新鲜事物充满好奇，整个汴梁都留下了他们游玩的足迹。

这段时光是难忘的，在苏轼心中留下难以抹去的印记。第二年正月，宋仁宗下诏举行全国贡举考试，由文坛领袖欧阳修任主考官，梅尧臣、韩绛、范镇等为副考官。苏轼等待已久的大考终于来临。长雁飞空，不鸣则已，一鸣惊人。

进士及第

遇到欧阳修，可以说是苏轼一生中最幸运的事。宋代的文风受晚唐五代的影响，辞藻华丽，空虚造作。欧阳修作为当时的文坛领袖，提倡新文风，主张心里有什么就写什么。然而文人墨客过于追求辞藻，忽略了文章内涵。欧阳修决定改变科考选举的方式，利用主考官的身份来整治文坛。

宋代的殿试十分严苛，考生必须准备好物品在黎明前来到皇宫外等候。考试时，考生被关在斗室中，有专门的侍卫看守。考生写完答卷后，用纸糊住自己的姓名，然后递交给主考官。

梅尧臣是阅卷官之一，在阅卷的过程中，他读到一篇文章时眼前一亮，拍手叫好，并将文章呈给主考官欧阳修。欧阳修看了同样十分惊喜。他一向主张文章要言之有物，但不能呆板刻意，所以能达到他的标准的文章少之又少。眼前这篇文章文辞简练，立论深刻，毫无浮靡之气。欧阳修本想将这篇文章列为第一名，但又觉得可能是自己的学生曾巩所作，为了避嫌，最终决定将此文降为第二。揭开糊名的纸片后，他才发现这篇文章的作者不是曾巩，而是后生苏轼。

刑赏忠厚之至论（节选）

《传》曰：赏疑从与，所以广恩也；罚疑从去，所以慎刑也。当尧之时，皋陶为士。将杀人，皋陶曰"杀之"三，尧曰"宥之"三。故天下畏皋陶执法之坚，而乐尧用刑之宽。四岳曰"鲧可用"，尧曰"不可，鲧方命圮族"，既而曰"试之"。何尧之不听皋陶之杀人，而从四岳之用鲧也？然则圣人之意，盖亦可见矣。

……

苏轼这篇策论虽是科举之作，但并未受到应试的影响。一般来说，为了拿到好成绩，考生会揣摩考官的喜好，下笔投其所好。苏轼深入思考后，着重讨论了"法"的两个方面，即宽容和界限，正所谓"仁可过，义不可过"，在区区六百余言中透露出真知灼见，这也使他成为中国古代知识分子的典范。

后来，苏轼去拜见欧阳修，欧阳修问他："皋陶曰'杀之'三，尧曰'宥之'三。这两句话出自何书？"

苏轼直言不讳地说："是我杜撰的。"

欧阳修大惊道："你杜撰的？"

苏轼不紧不慢地答道："以帝尧之圣德，这不正是意料之中的结果吗？"

在殿试中杜撰典故，可谓前无古人，后无来者。欧阳修不禁对苏轼刮目相看，有如此勇气和胆识，足见其才华出众。

放榜后，苏轼位列榜眼，他的弟弟苏辙也一同高中进士。

宋代被录取的门生，要专门去拜谒主考官，以示尊敬。苏轼作为榜眼，特意给欧阳修写了一封致谢信。欧阳修读了连连称赞："读到苏轼的信，老夫竟然忍不住喜极而泣。老夫当退让，使之出人头地。"

正如欧阳修所言，年轻的苏轼如一颗冉冉升起的新星，闪耀在大宋上空。据说欧阳修曾对儿子说："三十年后，不会再有人记得我，无人谈论老夫。"果然，在苏轼死后十多年间，再没有人提起欧阳修，大家都在谈论苏轼。欧阳修以自己在文坛的地位，为苏轼创造了一个成名的大好机会。他极力夸赞苏轼的才华，并将苏轼引荐给当时权倾朝野的大臣们，如宰相文彦博、枢密使韩琦等。这些老臣与苏轼见面后，都被苏轼的文采和见地所折服。

相比之下，父亲苏洵的仕途却极为不顺，几次参加科举考试都名落孙山，如今好不容易得到欧阳修的赏识，却只能做一名小官。他不禁有些心灰意冷，自嘲道："莫道登科易，老夫如登天。莫道登科难，小儿如拾芥。"这首诗说的就是苏轼与苏辙一考即中，他本人则屡考不中的现实与悲哀。

人们争相传阅三苏的文章，被他们的才气所折服。三人中，名气最大的当属苏轼。他凭借自己的努力及对文坛的敏锐察觉力，一改以往华而不实的文风，准确地表明了自己的观点和见解，巧妙地迎合了当时的社会风气，受到了欧阳修等一众权贵的赏识。

在欧阳修的力荐之下，苏轼名满京城，很多达官贵人都渴望能一睹其风采。而苏轼也牢牢把握了属于自己的大好机缘，他将继续前进，实现自己的理想。

转眼间，苏轼来京城已经有一年零三个月，一个噩耗突然从眉山传来：母亲病故。苏轼惊闻噩耗，如晴天霹雳，所有的惊喜都烟消云散。母亲是他人生道路上最好的引路人，是母亲教会了他为人处世的道理。如今，他和弟弟高中进士的喜讯还未报回家乡，母亲却已撒手人寰。身为人子，却不能克尽孝道，这使他们心里更加悲痛。

宋代高度重视礼教文化，母丧是极其重大的事情，即便贵为宰相，也要立即退隐，回乡守丧，两年零三个月期满后才能复职。因此，他们暂时放下一切事务，赶回眉山奔丧。其间，苏洵日夜盼望着京城的任命。欧阳修虽然举荐过苏洵，但要求苏洵参加特殊考试，这让苏洵心里很不是滋味，于是一直在家等待，直到妻子丧期结束。

宋嘉祐四年（1059 年）十月，守丧结束后，苏洵决定举家迁往京城。此次入京，父子三人选择走水路，沿岷江而下，尽览山川美景，趁"舟中无事，博弈饮酒"，又"杂然有触于中，而发于咏叹"。三人你唱我和，共写下百余首诗，结集成《南行集》。尽管其中的大部分诗作已经失传，但三苏的才华已渐渐显露出来。

行至嘉陵江时，望着奔涌向前的江水，苏轼豪情万丈，写下《初发嘉州》。

初发嘉州

朝发鼓阗阗，西风猎画旃。
故乡飘已远，往意浩无边。
锦水细不见，蛮江清更鲜。
奔腾过佛脚，旷荡造平川。
野市有禅客，钓台寻暮烟。
相期定先到，久立水溅溅。

这次是真的永别了！他心中的故乡渐渐飘远，那浩浩汤汤的江水正预示着他的未来将广阔无边。

行至荆州时，苏轼被秋景所吸引，文思泉涌，写下《浣溪沙·

山色横侵蘸晕霞》。

浣溪沙·山色横侵蘸晕霞

山色横侵蘸晕霞，湘川风静吐寒花。远林屋散尚啼鸦。

梦到故园多少路，酒醒南望隔天涯。月明千里照平沙。

山色醉人，霞光中一片朦胧，远远望去，不知是霞光染上了山色，还是山色沾染着霞光，或许它们早已合二为一。湘川的秋景别具一格，不染纤尘，秋花正慢慢盛开，好一片美丽的风光。远处的树林间传来乌鸦的啼叫，散落的村舍融入这秋景当中。

这时，苏轼想起了故乡的小路，不禁回首，他不知此处离家乡有多远，只知道酒醒之后，南望时不见故乡的影子。皎洁的月光落在沙原上，增添了他的乡愁。

船继续前进，苏轼很快调整了自己的心情，他深知什么才是自己该做的事情。抵达江陵后，他们继续北上，途经许州。因许州西湖被横堤阻挡，太守宋莒公调集民夫将横堤挖开，劳民伤财。苏轼见后心生感慨，写下《许州西湖》。

许州西湖

西湖小雨晴，滟滟春渠长。来从古城角，夜半传新响。

使君欲春游，浚沼役千掌。纷纭具畚锸，闹若蚁运壤。

夭桃弄春色，生意寒犹怏。唯有落残梅，标格若矜爽。

游人坌已集，挈榼三且两。醉客卧道旁，扶起尚偃仰。

池台信宏丽，贵与民同赏。但恐城市欢，不知田野怆。

颍川七不登，野气长苍莽。谁知万里客，湖上独长想。

许州西湖的景色别具一格，但为了游玩而劳民伤财，难免引发怨言，不过，前来西湖游玩的人因沉迷于美景，早就忘了自己的本分。苏轼为此痛心疾首，想到颍川连年灾荒，庄稼歉收，百姓生活困难，许州官员却贪图享乐，不顾民生。城市的欢愉与百姓的悲伤形成了鲜明的对比，使他不禁发出"但恐城市欢，不知田野怆"的感叹。

一路上的所见所闻激发了苏轼内心的责任感。离开许州后，京城近在咫尺，苏轼全新的人生道路即将展开。

凤翔签判

宋嘉祐五年（1060年），苏洵带着一家人抵达京师，在京城租下一座宅子。稍事休息后，苏轼、苏辙先到朝廷报道。他们身为进士，已取得任官资格，需要到吏部进行典选和注拟。所谓典选，就是身、言、书、判四项考试。通过典选的进士，注拟在册，等待朝廷下达任命书。

很快，苏轼被任命为河南府福昌县主簿，苏辙则被任命为河南府渑池县主簿。主簿是专门管理文书的官员，因为是在外为官，不符合苏轼和苏辙的期望，所以他们决定不去赴任。

同年八月，苏洵被任命为秘书省试校书郎。校书郎的发展空间较大，一般新科进士都会从校书郎做起，但一个"试"字却使这个职位有了另一层含义，使苏洵的自尊心大大受损。最后，他以俸禄太低为由，没有赴任。

很多时候，才华固然重要，但贵人的提拔也必不可少。苏洵终于放下身段，给当朝宰相韩琦写了一封自荐信，再次获得了任命，这次是霸州文安县主簿。这个官职对苏洵打击很大，失落之情溢于言表。这时，朝中发生了一件大事，宋仁宗推行新政，重用范仲淹、富弼、欧阳修等人，欧阳修出任参知政事、提举太常修礼等职。在欧阳修的举荐下，苏洵得到了一个修订礼书的职位。这样一来，苏洵的官职总算尘埃落定。

为了推行新政，宋仁宗求贤若渴，下诏举行制科考试。制科考试，又称制举和大科，是宋朝为选拔人才而设立的考试。参加制科考试者，必须由朝中大臣举荐，并通过三道考试：第一道是两制，即掌内制与外制的翰林学士、知制诰和中书舍人，呈送所作策论五十篇，择优参加阁试；第二道是秘书省进行的阁试六论；第三道是皇帝亲自主持的御试，参加御试者不能超过五人。据统计，两宋三百多年间，制科考试总共举行了二十二次，入等者只有四十一人，入三等者仅四人。

苏轼的举荐人是大学士欧阳修，苏辙的举荐人是天章阁待制杨畋。对于苏轼，欧阳修从不吝啬自己的赞赏，在举荐状中这样写道："（苏轼）学问通博，资识明敏，文采灿然，论议蜂出。其行业修饬，名声甚远。"

为了准备这次制科考试，苏轼与苏辙离开繁华的京城，搬到怀远驿居潜心攻读。这段时间，他们的生活十分清苦，除了读书就是读书，让他们不禁想起年少时一起刻苦读书的情景。在此期间，苏轼写了二十五篇《进策》、二十五篇《进论》，交给杨畋、富弼等人。他的策论观点清晰、论理俱佳，得到了阁试六论的机会。阁试六论是制科考试中最难也最关键的一道考试，其涉及范围之广、内容之深远远超过其他考试。

苏辙从小体弱多病，不适应北方的气候，在制科阁试前突然病倒了，无法参加考试。丞相韩琦向宋仁宗上奏说，苏辙抱病，恢复需要时日，请求将考试延后。宋仁宗爱惜二苏才华，特意开恩，将阁试推后二十天。

宋嘉祐六年（1061年）八月十七日，翰林学士吴奎、龙图阁直学士杨畋、权御史中丞王畴、知制诰王安石组成秘阁考官，进行阁试六论。苏轼和苏辙均顺利通过阁试六论，得以参加宋仁宗在崇政殿举行的御试。御试要求策论字数必须在三千字以上，并且在规定时间内完成。最终，苏轼被列为三等，苏辙因文章中极言宋仁宗之得失而被列为四等。当时制科共分五等，第一、第二等均是虚设，从未评过，所以第三等便是最佳成绩，苏辙的第四等也算是很不错了。后来，宋仁宗读到苏轼和苏辙的制科策论，大喜过望，直言为后世子孙谋得两位宰相。

苏轼入制科三等，以进士第一的资格被授予官职，任命为大理评事，签书凤翔府（今陕西省凤翔县）判官，有权签署奏折公文。大理评事属正八品，是专门掌管刑狱的京官；签书判官则是州府设立的幕职，主要负责掌管文书，辅助知州治理。此次苏轼是以京官的身份去凤翔府做签判，辅助凤翔府知州处理公务，所以他说"忽从县佐，擢与评刑"。

苏辙被任命为秘书省试校书郎，充商州（今陕西省商县）军事推官。由于苏洵年事已高，又在京为官，兄弟二人中须留一人在身边侍奉，苏辙便奏请宋仁宗允许他暂不赴任，留在京城。宋仁宗感念苏辙的孝心，特此恩准。

同年十二月十四日，苏轼在长途跋涉近一个月后，终于抵达凤翔。他在到凤翔前就已对孔庙的石雕大鼓有所耳闻，石鼓表面刻着神秘的古文字，即使是才高八斗、学富五车的青年才俊也未必能够认全。当日一见，果然名不虚传，苏轼不由得感叹学海无涯。之后，他又去了开元寺、天柱寺等地，每到一处必以诗记之。

凤翔西楼观非常有名。这天，苏轼慕名前往，谁知走了一天都没有到达目的地。夜幕已经降临，他只好在大陵山住下来。原本寻观不得，心情有些不佳，不料却看见一个美丽的场景，不由得诗兴大发，挥笔写下《溪阴堂》。

溪阴堂

白水满时双鹭下，绿槐高处一蝉吟。

酒醒门外三竿日，卧看溪南十亩阴。

一对白鹭从天上飞下来，落在水中嬉戏，绿色的槐树上有一只蝉正在鸣唱。这般景色突然出现在眼前，让他的精神为之一振，酒也醒了几分。已经日上三竿，苏轼躺下来欣赏溪头的"十亩阴"。白鹭、绿槐、田野，构成了一幅绝美的山水图。

苏轼于诗中抒发性情，描绘美景，不无妙语。虽然四周景色秀丽优美，但仍比不上家乡眉州的碧水青山，他思念家人的心情日益迫切，与弟弟苏辙的书信往来成了唯一的精神寄托。他经常将自己的新作寄给苏辙，两人相互唱和。

这段时间，苏轼的写作能力又得到了很大的提升，对诗作的把握和语言的应用更加娴熟了。

东湖是凤翔境内最著名的湖泊，苏轼在修筑东湖时，特意栽种了很多垂柳。

柳

今年手自栽，问我何年去？

他年我复来，摇落伤人意。

风翔有三宝：姑娘手、西凤酒、东湖柳。这"东湖柳"便是诗中所写之柳。苏轼到凤翔后，特别喜欢栽树、赏树和咏树。诗中道，今年他亲手栽下的柳树，问他明年会在哪里？他回答：来年我还会来这里。岁月悠悠，谁也不曾想到，当初栽下的柳树竟成为东湖最负盛名的景观。

这是苏轼人生中最重要的三年，无论是写文还是作词，甚至绘画，他都进行了深入的思考。

王维吴道子画

何处访吴画？普门与开元。

开元有东塔，摩诘留手痕。

吾观画品中，莫如二子尊。

道子实雄放，浩如海波翻。

当其下手风雨快，笔所未到气已吞。

亭亭双林间，彩晕扶桑暾。

中有至人谈寂灭，悟者悲涕迷者手自扪。

蛮君鬼伯千万万，相排竞进头如鼋。

摩诘本诗老，佩芷袭芳荪。

今观此壁画，亦若其诗清且敦。

祇园弟子尽鹤骨，心如死灰不复温。

门前两丛竹，雪节贯霜根。

交柯乱叶动无数，一一皆可寻其源。

吴生虽妙绝，犹以画工论。

摩诘得之以象外，有如仙翮谢笼樊。

吾观二子皆神俊，又于维也敛衽无间言。

苏轼以诗歌的形式评价王维和吴道子在绘画领域的艺术成就，亦是表达了自己对绘画艺术的理解。他一开始便交代了王维和吴道子画迹的所在之地，吴道子的画存于普门寺和天元寺，王维的画则放在开元寺的塔中。"吾观画品中，莫如二子尊"，是他对两位前辈的一种评断，肯定了他们在绘画领域的崇高地位。

苏轼认为，吴道子的画有"雄放"的艺术风格，那种意在笔先、成竹在胸的艺术境界让他无比崇拜。所谓"下手风雨快，笔所未到气已吞"，可见吴画之奥义。王维的画则是"画中有诗，诗中有画"，是人品与艺术的高度结合，是诗之形象，清美而独有意味。那种"得之于象外"的艺术特征背后，是自然悠远的精气神。通过这首诗足见苏轼对美学的理解和思考。

在凤翔，苏轼思考了很多人生问题，不仅用诗人的眼光，更上升到思想的层面，从而使笔下的诗词拥有了更丰富的意味。一个伟大的词人像一颗新星正在冉冉升起，未来还有更多精彩等待他去开启。

风雨对床

兄友弟恭一直是我国的优良传统，这一点在苏轼、苏辙兄弟身上表现得淋漓尽致。

苏辙比苏轼小两岁，苏辙出生后，兄弟二人形影不离，一起读书，一起玩乐，同吃同睡，好不亲热。长大成人后，两人同科高中进士，一生为官。几十年间，兄弟俩诗词唱和，像写情书一般。他们不仅是兄弟，更是彼此的良师益友、志同道合的伙伴，从对方身上学到很多东西。苏轼曾感叹："嗟予寡兄弟，四海一子由。"苏辙亦是如此。

准备制科考试时，苏辙读到韦应物的"宁知风雨夜，复此对床眠"时，想到兄弟二人即将入仕为官，自此宦游四方，不禁心生感慨：辙幼从子瞻读书，未尝一日相舍。世间之事总有取舍，年幼时自然不觉时光匆匆，长大后，成家立业，远走他乡，相聚之日自然少之又少。

苏轼前往凤翔为官，苏辙一路送到百里之外的郑州，才依依不舍地告别苏轼，返回京城。这是他们二十多年来第一次分离，虽然只是暂时的，但苏轼心中仍然生起无穷的苦涩。后来，他将当时复杂的情绪寄托在诗中，寄给弟弟子由。

辛丑十一月十九日，既与子由别于郑州西门之外，马上赋诗一篇寄之

> 不饮胡为醉兀兀？此心已逐归鞍发。
> 归人犹自念庭闱，今我何以慰寂寞？
> 登高回首坡垅隔，但见乌帽出复没。
> 苦寒念尔衣裘薄，独骑瘦马踏残月。
> 路人行歌居人乐，童仆怪我苦凄恻。
> 亦知人生要有别，但恐岁月去飘忽。
> 寒灯相对记畴昔，夜雨何时听萧瑟？
> 君知此意不可忘，慎勿苦爱高官职！

此诗直抒离别情深，突出了离亲之苦。二人眼眶中似有泪珠闪烁，本有千万话语想要叮嘱对方，却硬生生地哽在喉间，只留一声珍重，便挥手告别。苏轼并没有立即策马离去，而是回头目送弟弟，直到苏辙的身影渐渐模糊，只能看见若隐若现的乌帽，才突然想起苏辙今日衣衫单薄，不由得心疼起来。路上行人欢歌不断，唯有苏轼神思恍惚，他知道人生常有分别，只是担心时光流逝得太快。他想到岁月飘忽，盛时难再，于是设想未来，期盼早日团聚。

在郑州分别后，苏辙返京途中路过渑池，想起当年与兄长进京赶考时曾路过此地，同住僧舍之中，同在墙壁上题诗。如今再次来到这里，种种回忆涌上心头，于是写下《怀渑池寄子瞻兄》。

怀渑池寄子瞻兄

> 相携话别郑原上，共道长途怕雪泥。

归骑还寻大梁陌，行人已度古崤西。

曾为县吏民知否？旧宿僧房壁共题。

遥想独游佳味少，无方骓马但鸣嘶。

人生何其艰难，总会有无可奈何之时，所以苏辙"怕雪泥"。他怀念过往岁月，感叹时光匆匆。一入仕途，难免身不由己，如今不得不与兄长分别，想到兄长"独游"，他心中一阵苦涩。

苏轼读到这首诗时，正好站在冰雪覆盖的平原上，看着雁群徐徐飞过，在雪地里留下一道道印迹，内心感慨不已。

和子由渑池怀旧

人生到处知何似，应似飞鸿踏雪泥。

泥上偶然留指爪，鸿飞那复计东西。

老僧已死成新塔，坏壁无由见旧题。

往日崎岖还记否，路长人困蹇驴嘶。

苏轼写这首诗时虽然年轻，但看问题十分深刻。在首联和颔联中，他借飞鸿抒发自己对人生的感悟。人生在世，一会儿在这里，一会儿又在那里，偶尔会留下一些痕迹，就像飞鸿在雪地里留下的脚印。飞鸿飞东又飞西，最终会飞到哪里，它自己也不知道。这个生动的比喻表达了苏轼的人生观：人生如飞鸿，身在哪里皆是偶然，不如随遇而安。用追求来缓解怀念，以乐观来化解烦恼，正是其大智慧的体现。

在颈联中，苏轼写到渑池故地的情景。渑池对苏辙来说意义非凡。苏辙未入仕之前，曾被任命为渑池主簿，但由于要参加制科考试而未去上任。如今，招待过他们的僧人已经死去，只留下一盒骨灰；当初他们题诗的墙壁早已残破不堪，所题之诗无处可寻。万事万物都在变迁，苏轼在这里暗示，人生苦短，每一分每一秒都弥足珍贵。

到了尾联，苏轼回忆当年和苏辙在一起时的情景：是否记得来渑池的那段旅程？路途遥远，人已疲惫不堪，就连驴子也累得不肯再往前走。但是，他们没有抱怨，继续前进，终于到达渑池，找到了住处。苏轼借"往日崎岖还记否，路长人困蹇驴嘶"来安慰苏辙，崎岖赶路的生活已经过去，将来的生活会越来越好。眼前的路虽然漫长、孤独，但是总会有相聚的那一天。

苏辙心中的疑团被苏轼巧妙地解开了。世间常有的"悲欢离合"被他赋予了"应似飞鸿踏雪泥"般的美好。苏辙心中的"怕"，变成了苏轼笔下的"踏"，这种变化正是心境的变化，是人生态度的转变。兄弟分离使苏轼想到人生无常，于是以一种超然的姿态来对待眼前事，足以体现他的大智慧。

在凤翔的三年，苏轼与苏辙的联系全凭书信。兄弟二人你来我往，又成一段佳话。苏轼想起远在京城的子由，想起年迈的父亲。因为他不能在父亲身边侍奉，所以照顾老人的重担全压在弟弟身上，他由衷地表示感激。世事沧桑，在漫长的岁月中他已习惯思念，习惯寄情于诗中。

和子由除日见寄

薄官驱我西，远别不容惜。方愁后会远，未暇忧岁夕。

强欢虽有酒，冷酌不成席。秦烹惟羊羹，陇馈有熊腊。

念为儿童岁，屈指已成昔。往事今何追，忽若箭已释。

感时嗟事变，所得不偿失。府卒来驱傩，矍铄惊远客。

愁来岂有魔，烦汝为攘磔。寒梅与冻杏，嫩萼初似麦。

攀条为惆怅，玉蕊何时折。不忧春艳晚，行见弃夏核。
人生行乐耳，安用声名籍。胡为独多感，不见膏自炙。
诗来苦相宽，子意远可射。依依见其面，疑子在咫尺。
兄今虽小官，幸忝佐方伯。北池近所凿，中有汧水碧。
临池饮美酒，尚可消永日。但恐诗力弱，斗健未免馘。
诗成十日到，谁谓千里隔。一月寄一篇，忧愁何足掷。

凤翔与眉山相隔千里，两地的风俗习惯不同。春节时，孤独感更加浓郁。

苏轼开篇便表达了心中的忧愁。"薄官"就是凤翔签判，让他孤身在凤翔。虽然有酒，可仍是"冷酌"，无法"成席"。他回忆儿时在眉山过春节的情景，感叹世事变幻，得到的抵不上失去的。

苏轼娓娓道来，忧愁一点点加深。他在外为官，只能通过寥寥诗句寄托情感，就算"一月寄一篇"，内心的忧愁也无法消散。特别是在佳节来临之际，亲情让他无法自抑，只能独自饮酒解忧。他之所以感受到漂泊之苦，是因为有着浓厚的亲情。血浓于水，只有一家团聚，才是真正的幸福。

苏轼所认为的快乐从来都是如此。他心中最牵挂的还是弟弟苏辙。所谓"风雨对床"之思，正是他对将来所设想的理想生活。

和子由苦寒见寄

人生不满百，一别费三年。
三年吾有几，弃掷理无还。
长恐别离中，摧我鬓与颜。
念昔喜著书，别来不成篇。
细思平时乐，乃谓忧所缘。

吾从天下士，莫如与子欢。

羡子久不出，读书虱生毡。

丈夫重出处，不退要当前。

西羌解仇隙，猛士忧塞壖。

庙谋虽不战，虏意久欺天。

山西良家子，锦缘貂裘鲜。

千金买战马，百宝妆刀环。

何时逐汝去，与虏试周旋。

在这首诗中，苏轼感叹时光匆匆。人生不过百年，他和子由已经分别三年，三年对他来说是如此漫长。他又想到，自己能有几个三年，一旦过去，就是永远地失去了。所谓"弃掷理无还"，更是一种无可奈何。分别的忧愁总是容易加快人衰老的速度。

与初分别时不同，三年的时间让苏轼感到岁月无常。以前他们喜欢写信，道尽心中的思念，可他再也不忍动笔，每次想起以前的欢乐，内心的愁绪就更重了。

在凤翔，苏轼结交了许多朋友，但因为他性格耿直，说话直来直去，所以相处得并不愉快。在这里，苏轼点明子由在他心中的位置。对于子由的未来，苏轼抱着极大的信心，因为子由读书最用功、最刻苦，只要他入仕，定会有所作为。

这首诗像是苏轼的絮语。他知道，世间的一切都有生灭的一天，可是他仍然无法止住内心的思念。刻骨铭心的追忆，最终归于虚无。

人生天地间，骨肉有几人？苏轼兄弟一生宦游，四十多年里，二人一有机会就相聚相守，但毕竟山高水长，"不相见者，十尝七八"，只能凭借鸿雁传书，感慨离合。然而对他们来说，有兄如轼，有弟如辙，此生足矣。

梦与期待

　　世上没有天生完美的人，很多事情不可能一开始就会，而是需要有人指引，再通过自身努力不断成长，才能有所成就。

　　苏轼在凤翔担任签判时，虽为知府助理，但有连署公文奏议的权力。签判主要负责两个事务：一是核判五曹文书，二是向皇室和西部边防供应木材、米粮。苏轼新官上任，干劲十足，全身心地投入工作当中。

　　凤翔原本富饶美丽，但历经战争荼毒，变得贫困不已，再加上两大劳役之苦，当地百姓生活在水深火热之中。

　　"编木筏竹，东下河渭"，终南山的地理优势使这里出产优质的木材。当地百姓每年都要砍伐树木编成木筏，再将其放入渭水，汇入黄河，运往首都开封，为皇室所用，此为一苦。凤翔是大宋与西夏作战的兵站基地，有为前线提供米粮、刍秣之责，此为二苦。百姓不仅要伐木，还要承担赔偿的风险。由于黄河的地势和洪水等因素，很多木材会沿路损坏或者丢失，老百姓还需贴钱甚至被判刑，苦不堪言。经过走访调查，苏轼发现，只要官府调整放筏的时间，趁渭水、黄河未涨时放筏，就可以将木筏的损失率降到最低。经过实践，此法确实可行。于是，他开始修订衙规，上报知府。他的努力没有白费，实施新规后，百姓的损失降低了。

为了给百姓争取最大的福祉，苏轼还时常到地方去了解民生疾苦，做了许多实事和好事，如改革衙前之役、查决囚犯、赈济灾害、修筑东湖等。同时，他也为凤翔留下一笔厚重的文化遗产。

在处理政务之余，一有时间，他就去参观当地的人文古迹和秀丽风光，这是他养成的习惯。

减字木兰花·莺初解语

莺初解语，最是一年春好处。微雨如酥，草色遥看近却无。

休辞醉倒，花不看开人易老。莫待春回，颠倒红英间绿苔。

这首《减字木兰花·莺初解语》是苏轼游终南山时所作，面对时光易逝、年华易老，他发出"莫待春回"、及时行乐的感叹。黄莺开始鸣唱时，是一年之中春色最好的时候。天空正下着小雨，嫩绿的草儿刚刚冒出头来。"莺初解语""微雨如酥"都是描写早春的景色，且化用韩愈的诗句，透露出勃勃生机。

面对如此美景，换作是谁都会醉倒其中。正如苏轼所言，在花盛开的时候不去欣赏，等到花凋谢了，就什么也看不到了。时光匆匆流逝，若年轻时不懂得珍惜，转眼便会消逝。不要等春天离开了，再来感叹岁月匆匆。

由眼前的春景联想到春花易逝，再由春花联想到人生，警示人们要珍惜时光，及时行乐，做自己想做的事，不要心存顾虑，错失最好的年华。这也是苏轼对自己的劝诫，提醒自己要珍惜时间，莫在人生道路上蹉跎。

苏轼性格直爽，心里有话藏不住，有什么就说什么。这种张扬的个性给他带来了不少麻烦，好在他身边有一个聪明机智的妻子王弗。王弗时常提醒他，独自在外，凡事都要谨慎些。尽管如此，他在为人处世方面还是吃了不少苦头。

宋嘉祐八年（1063年）正月，凤翔知府调任。新上任的知府陈希亮疾恶如仇，不计个人得失，曾因造福一方百姓而备受称颂。他对下属要求严格，下属犯错，会受到他的严厉批评。

苏轼作为凤翔签判，天天要跟陈希亮打交道。陈希亮与苏轼是同乡，论辈分算是苏洵的长辈。按理说，苏轼应该十分敬重他才是，可苏轼偏不这样，凡事只要占理，就据理力争，绝不留半分情面。如此一来，他与陈希亮的关系也越来越僵。

苏轼曾在制科考试中被宋仁宗钦点为三等，至凤翔为官后，朋友们私下里称他为"苏贤良"。这个称呼被陈希亮知道后，当面斥责道，签判就是签判，有何贤良可言。苏轼因此十分难堪，心中怒火腾腾。

有时，苏轼登门求见陈希亮，陈希亮故意避而不见。斋醮祈福时，苏轼写的祈祝文会被陈希亮左涂涂，右改改，反复数次，改得面目全非。几次下来，苏轼认为陈希亮是故意打压自己，因此除了公事，尽量不来往。

七月十五是中元节，按照惯例，官府要在衙门举行聚会。苏轼因为讨厌陈希亮，故意不去参加。谁曾想，陈希亮将这件小事上奏朝廷，告了苏轼一个大不敬，导致苏轼被罚。

客位假寐

谒入不得去，兀坐如枯株。

岂惟主忘客，今我亦忘吾。

同僚不解事，愠色见髯须。

虽无性命忧，且复忍须臾。

这句"虽为性命忧，且复忍须臾"正是苏轼肚子里的牢骚，不吐不快。

后来，陈希亮筑了一个台子，取名为"凌虚台"，专门给官员们使用。他知道苏轼文采出众，便让苏轼写一篇传记。苏轼决定抓住这个机会狠狠地折下陈希亮的面子。略作沉思后，从不作记的苏轼写下了《凌虚台记》。

凌虚台记（节选）

轼复于公曰："物之废兴成毁，不可得而知也。昔者荒草野田，霜露之所蒙翳，狐虺之所窜伏。方是时，岂知有凌虚台耶？废兴成毁，相寻于无穷，则台之复为荒草野田，皆不可知也。尝试与公登台而望，其东则秦穆之祈年、橐泉也，其南则汉武之长杨，五柞，而其北则隋之仁寿，唐之九成也。计其一时之盛，宏杰诡丽，坚固而不可动者，岂特百倍于台而已哉？然而数世之后，欲求其仿佛，而破瓦颓垣，无复存者，既已化为禾黍荆棘丘墟陇亩矣，而况于此台欤！夫台犹不足恃以长久，而况于人事之得丧，忽往而忽来者欤！而或者欲以夸世而自足，则过矣。盖世有足恃者，而不在乎台之存亡也。"既以言于公，退而为之记。

在此记中，苏轼充分发挥自己的文采，将凌虚台贬得一无是处。陈希亮兴建凌虚台，本想听几句吉利话，苏轼却大讲兴废之理，贬凌虚台，实际上是贬陈希亮。他将凌虚台推至茫茫时空之中，将有化为无，将实变为虚。往日是荒草田野，今日是凌虚台，这是从无到有；然而，今日是凌虚台，明日又是荒草田野，又将有化为无。

由衰到兴，再由兴到衰。写到这里，苏轼仍不解气，继续将眼前的凌虚台置于漫长的历史之中，历史上曾经辉煌一时的宫殿如今都荒废了，何况是凌虚台。"夫台犹不足恃以长久，而况于人事之得丧"道出了他的不满，由物及人，凌虚台尚且不能长久，何况是人事。

陈希亮自然读出了其中意味，不禁感叹："我把苏洵当作儿子一般，自然视苏轼为自己的孙子。平时对他严厉了些，只是怕他年少轻狂，把握不好自己，犯下大错。"最终，陈希亮命人将《凌虚台记》一字不改地刻在石碑上，立于凌虚台旁。

原来，陈希亮故意打压苏轼，只是为了消除他身上的骄纵之气，让他知道人生有无奈之时，在顺境中也会遇到挫折。后来，苏轼屡次被贬，渐渐明白了其中的道理。他在《陈公弼传》中表达了自己的悔意：方是时年少气盛，愚不更事，屡与公争议，至形于言色，已而悔之。人生正是如此，只有经历过挫折和磨难，才会明白顺境中的历练也是一种财富。

第二章　京华一梦：

我思君处君思我

苏轼初入仕途，凤翔签判是他最好的历练。在他三年期满，得意返京时，发妻王弗与父亲苏洵相继离世，使他备受打击。守父丧期满回到京城时，正值大宋王朝变革之际。面对王安石新法的推进，新旧势力的斗争渐渐白热化，处于政治旋涡中心的苏轼与苏辙，自然也无法置身事外。

返京还朝

在宋代，外任官员的任期一般为三年，三年之后，要么转官回京城任职，要么调任到外地为官。苏轼初入仕途，自然不可能立即在京为官，必须外出历练，凤翔签判对他而言是最好的历练。三年任期满后，他返京还朝，等待朝廷的任命。

当然，他对凤翔多少有些不舍。性格豪迈的苏轼，在凤翔结识了不少朋友，他们为他饯行，伤感溢于言表，离别的话不忍说出，只能喝下一杯清酒，表达情意。

董传是苏轼在凤翔结识的至交好友，他得知苏轼要离开凤翔，特意来为苏轼送行。苏轼有感而发，写下一首《和董传留别》。

和董传留别

粗缯大布裹生涯，腹有诗书气自华。

厌伴老儒烹瓠叶，强随举子踏槐花。

囊空不办寻春马，眼乱行看择婿车。

得意犹堪夸世俗，诏黄新湿字如鸦。

所谓"腹有诗书气自华",这正是读书人应有的气质和修养。读书不是为了占有知识,也不是为了炫耀才华,而是为了丰富精神生活,提升自己的内在气质。

与整日无所事事的人不同,读书人的骨子里有一种高雅、脱俗和不同于常人的气质。这是苏轼对读书人的理解。在他看来,读书人身上的"气"不仅是儒雅之气,更是一种面对失意和困难时的态度:只有保持乐观豁达,才能早日脱离困境。所以王勃才会高唱"穷且益坚,不坠青云之志"。

董传正是如此,虽然出身贫穷,家世也不显赫,可是他始终保持乐观的心态,积极追求自己的人生目标,且不为生活所累。这种品质无疑让苏轼大受感染,所以盛赞"囊空不办寻春马",这既是一种称赞,也是一种安慰,更是一种鼓励。他感叹"人生识字忧患始,姓名粗记可以休",认为读书识字不一定是件好事,识字以后,忧愁和苦难也就接踵而来。

与其生活在苦恼之中,不如放宽心态,好好做自己。很多时候,苦恼都是因为强求太多,何不退一步,兴许能看见一片天空。

离开凤翔后,苏轼一路奔波,和妻子王弗一同回到京城。再次见到亲人时,苏轼喜极而泣,这喜悦来自心底,是家人团聚所带来的幸福。

京城变化不大,但朝廷已变了一个模样。他离开时,宋仁宗还健在;归来时,皇帝已是宋英宗。

宋英宗即位前已知苏轼大名,知道他才华出众,是不可多得的人才。听闻苏轼返京,他立即派人将苏轼召到翰林院。一番长谈后,他对苏轼更是刮目相看,打算将他留在身边,作为股肱之臣,任命他为知制诰。知制诰主要负责起草诏书,是皇帝身边比较重要的大臣。苏轼虽为大才，但资历尚浅，任命诏书尚未正式下达时，宰相韩琦就站出来表示反对，认为苏轼入仕不久，还需要历练。最后，苏轼被任命为殿中丞直史馆，负责编修国史。

无论是知制诰，还是殿中丞直史馆，苏轼都乐于接受，因为可以留在京城，有更多的时间照顾年迈的父亲。苏轼留京，则意味着苏辙要去外地做官了。一个月后，苏辙被任命为大名府（今河北省大名县东南）推官。

苏轼知道，尽管自己足以胜任知制诰这个职位，但朝中势力错综复杂，想要跻身高位，总归需要一些时日。就在仕途处于上升期时，苏轼受到一个致命的打击——妻子王弗突然病逝，年仅二十七岁，留下六岁的儿子苏迈。这段时间，苏轼整日以泪洗面，他才升任直史馆不久，刚刚适应京城的生活，至爱的离世，使他感受到锥心之痛。

或许上天不喜欢世事太过美好，越美好的东西，越容易消逝。就如春花，盛开时无比妖娆美丽，却要受风雨侵蚀，最终归于泥土。苏轼与王弗的婚姻只持续了短短十年。这十年间，他们在一起的时间并不多，因为苏轼进京赶考，夫妻一别就是好几年。尽管如此，王弗仍是苏轼一生中最合适的伴侣。为了求取功名，苏轼新婚不久便随父亲离开家乡，家中一切事务都交给王弗打点。王弗也很能干，将家里打理得井井有条，使苏轼无后顾之忧。母亲去世时，苏轼父子正在京城赶考，家中并无男丁，正是因为王弗的操持，才使一切不至于那么寒酸。对于王弗，苏轼是发自内心地感激。

苏轼前往凤翔为官时，王弗随同前往。一路上舟车劳顿，王弗毫无怨言，在她看来，只要能和心爱的人在一起，再苦再累都是值得的。在凤翔的那些年，是他们相处的最后一段时光。因为王弗，孤身在外的苏轼感受到家庭的美好。王弗不仅勤俭持家，还帮助苏轼辨人识事，处理官场上的人际关系。以往苏轼拿不定主意时，父亲会在一旁指点他，但是到了凤翔，父亲不在身边，王弗便用"若换作公公的话"来引导苏轼，帮助他解决难题。在她的帮助下，苏轼慢慢地成长起来，而她也成为苏轼最依赖的人。

王弗突然撒手人寰，对苏轼的打击可想而知。无数个夜晚，想起与妻子在一起时的点点滴滴，他不由得悲从心来，放声痛哭。他习惯了妻子在身边，习惯了与她在一起的日子，如今只剩他一人，怎能不伤心难过？可是伊人已逝，再伤心难过也无济于事，只能慢慢整理心情，让时间来抚平内心的伤痕。

蝶恋花·雨霰疏疏经泼火

雨霰疏疏经泼火。巷陌秋千，犹未清明过。杏子梢头香蕾破，淡红褪白胭脂涴。

苦被多情相折挫。病绪厌厌，浑似年时个。绕遍回廊还独坐，月笼云暗重门锁。

这首词是苏轼在王弗逝世后不久所作，词中回忆两人在一起的欢乐时光，言语间透露出浓浓的伤痛。

细雨过后，天空中飘起雪来。雨与雪混在一起，十分美丽。此时，清明节还未到来，但是巷陌中已有人荡起了秋千。每一次荡起，她都微笑着望向他，眼中满是深情。这样一个再普通不过的场景，却寄托了苏轼深深的思恋。他看到杏花枝头慢慢盛开的花朵，一个"破"字形象地还原了当时的景象，那是淡红色的花朵渐渐成为白色的杏花，就像染了胭脂一般，分外美丽。不仅仅是花美，正在荡秋千的她同样美丽。

如今她已不在身边，这样的场景无法重现，只能放在心底，深深地怀念。他又想起自己离开家乡赶考时的那段时光，新婚宴尔，便要分隔两地。相思让他们精神不振，度日如年。

他独自坐在回廊上，追忆着曾经的美好，不知不觉已到深夜。缕缕相思尽在不言中。当时的分离至少还有相聚之日，如今的分离却阴阳相隔，再也无法相聚。在今后的岁月里，只剩他一人独对寒夜。

壮年丧妻，让苏轼经历了至深之痛。他回忆着妻子的种种好，回想着与妻子在一起的每一分、每一秒，多想将它们全部抓住，永远定格在记忆中。

苏轼的父亲苏洵对王弗的离世也流露出无限哀伤，特别嘱咐苏轼：她在我们最困难的时候嫁过来，不求回报，将来若有机会，一定要将她安葬在你母亲身边。可以说，这是对王弗最大的肯定。

苏轼亲自为妻子撰写了墓志铭。这个才华横溢的大才子，每写一句，心就痛一分，写到最后竟止不住眼泪，大哭起来。他写道：失去你就等于失去了永远的依靠。深情厚谊，溢于言表，当真是字字含泪，句句锥心。用情至此，却无法感动苍天，只能哀叹世事难为。

再回眉山

　　王弗的离世让苏轼备受打击，身心俱伤，难过了很长一段时间。所幸身边有家人陪伴，使他减少了孤独感，但夜深人静之时，想起亡妻仍难免一阵伤痛。

　　生活还在继续，尚未从亡妻之痛中走出来的苏轼，很快又遭受巨大的打击：父亲苏洵在王弗去世次年，一病不起，也永远地离开了人世。

　　苏洵这一生，早年仕途不顺，二十八岁发愤读书，终于在老年谋得一官半职，儿子苏轼与苏辙也相继入仕。眼看生活越来越好，苏洵可以享几年清福，没想到一切都成了奢望。想到这里，苏轼悲痛难抑。母亲、妻子已离他而去，如今父亲也去世了。短短几年，他便失去了三位至亲，不禁感叹岁月无情。

　　苏洵去世后，宋英宗下诏赏赐苏轼、苏辙，以慰其失亲之痛。但是苏轼拒绝了赏赐，只希望能给父亲赐一个官爵，让他衣锦还乡。通情达理的宋英宗特赐苏洵为光禄寺丞，并让相关部门用官船运送苏洵的灵柩回乡安葬。

苏轼还特意拜访欧阳修，请求他为父亲撰写墓志铭。欧阳修感叹苏洵离世，心中悲伤不已，含泪应允。

时值六月，苏轼和苏辙护送父亲的灵柩回乡安葬，紧跟其后的是王弗的灵柩。回想起来京城时，一家人其乐融融，不到数年光景，便走了两位至亲，他们不禁悲从心来，失声痛哭。

按照父亲的遗愿，苏轼将父母合葬在老翁泉边。接着，苏轼将亡妻王弗安葬在父母之侧。他在王弗的墓里凿了两个墓穴，希望自己死后与王弗葬在一起。

父亲与妻子的后事处理完毕，接下来便是漫长的丁忧。两年间，苏轼在父母墓旁种了许多柳树，希望这些柳树能长久陪伴着父母与妻子，就如同他陪着他们。

岁月如梭，转眼守制期已满，在返回京城前，苏轼续娶了王弗的堂妹王闰之。对于这门亲事，苏轼有自己的打算，毕竟长子苏迈还小，需要人照顾，王闰之是最好的选择。王闰之早在十年前见到苏轼时，便从他身上感受到非凡的气质，对他十分倾慕。她的出现，填补了王弗离世后苏轼内心的空白，虽然她不如王弗精明能干，但是她温柔体贴，与苏轼同甘共苦，毫无怨言。这是上天给予苏轼的最好的慰藉。

沁园春·情若连环

情若连环，恨如流水，甚时是休。也不须惊怪，沈郎易瘦，也不须惊怪，潘鬓先愁。总是难禁，许多磨难，奈好事教人不自由。空追想，念前欢杳杳，后会悠悠。

凝眸，悔上层楼，谩惹起、新愁压旧愁。向彩笺写遍，相思字了，重重封卷，密寄书邮。料到伊行，时时开看，一看一回和泪收。须知道，□这般病染，两处心头。

这是一首闺情词，在苏轼的词作中显得有些"另类"，却也显示出他无与伦比的才华。

两年多来，他渐渐从父亲和妻子离世的伤痛中走了出来，逝者已矣，生活还要继续，他迎娶了王弗的堂妹王闰之，并从王闰之身上再次感受到家庭的温暖。在苏轼看来，人的情感就是那么微妙，不经意间的反应吸引着两个人走到一起，白头偕老。

他说："情若连环，恨若流水，甚时是休。"人的感情就像被串起来的玉珠，悔恨时如流水般不断不休，可见爱之深时恨之切。分离之后，总是相思绵绵。这种相思无法控制，只能独自追忆过去，思念曾经的美好时光。可越是回忆，心中的愁绪就越深。在那彩笺上写满了相思，这相思无法消除，总是萦绕在心头。

他感叹的"□这般病染，两处心头"，正是相思之深，相思之浓。然而，再浓的相思也只能藏在心底，无法述说。至于苏轼相思的是谁，已无法考证。他新娶娇妻，自是宠爱有加，可是旧妻刚逝便娶新妻，难免落下人走茶凉的口实。其实，苏轼自始至终都没有忘记王弗，就算王闰之在身边，他也会在风雨之夜，梦见王弗走向自己，醒来后泪流满面。

人不能一直生活在过去，应该着眼于未来。将眉山的一切安排妥当后，苏轼和苏辙再次来到父母墓旁，扫清墓上的落叶与杂草。他久久地站在王弗墓前，思绪万千。之后，他带着自己新婚的妻子和弟弟，再次返回京城。一别两年，京城的时局，已不复当年，等待他的将是一场狂风暴雨。

与佛结缘

凡事讲究机缘，机缘一到，事情自然水到渠成。

苏轼自幼生活在眉山，对大自然有着特殊的感情。他忘情于山水，留恋世间的美好。更重要的是，眉山丰富的道教文化在年轻的苏轼心中埋下了一粒种子，那种逍遥自在、无拘无束的生活才是他所渴望的。

离开眉山后，他入仕为官，尽管身上有了责任和担子，但是对自由生活的向往从未消退。当他开始思考诗歌和哲学的意义时，对精神生活的渴求也促使他不断寻找生命的寄托。

宋代文化的发达不仅体现在词学艺术上，还体现在儒学、道学与佛学文化的发展和广泛传播上，上至朝廷，下至民间，都深受影响。苏轼热爱生活，而且慧根深厚，与佛门结下了不解之缘。

苏轼七岁那年，在眉山遇到一个姓朱的老尼姑，老尼姑年过九十，但是头脑灵活，口齿清晰。她一见到年幼的苏轼就打心底里喜欢，看出这个孩子慧根极深，于是给他讲孟昶与花蕊夫人的故事，还给他唱孟昶的《洞仙歌》，苏轼听得如痴如醉，不能自已。这件事在他心中留下了难以磨灭的印记，以至于四十年后回想时，仍然心生感慨。只是那首《洞仙歌》他已记不清了，依稀记得"冰肌玉骨，自清凉无汗"两句，于是，便作了一首《洞仙歌·冰肌玉骨》。

洞仙歌·冰肌玉骨

冰肌玉骨，自清凉无汗。水殿风来暗香满。绣帘开、一点明月窥人，人未寝，欹枕钗横鬓乱。

起来携素手，庭户无声，时见疏星渡河汉。试问夜如何？夜已三更，金波淡、玉绳低转。但屈指西风几时来，又不道流年，暗中偷换。

这首词描写了花蕊夫人的姿态与美丽，一种心灵的美好与高洁，一种无与伦比的气质与魅力。与佛的缘分就在那时结下了，他的一生注定要与佛门打交道。

苏轼的次子苏迨出生后，体弱多病，四岁了还不会走路，访遍名医仍无法治愈。最后，苏轼找到了杭州上天竺寺的辩才法师。辩才法师是一位得道高僧，佛学无边，智慧无穷。他为苏迨祈祷，给他按摩，苏迨竟逐渐康复，能自己走路了。或许这是苏轼见过的最神奇之事，他内心的喜悦胜过了一切。

赠上天竺辩才师

南北一山门，上下两天竺。

中有老法师，瘦长如鹳鹄。

不知修何行，碧眼照山谷。

见之自清凉，洗尽烦恼毒。

坐令一都会，男女礼白足。

我有长头儿，角颊峙犀玉。

四岁不知行，抱负烦背腹。

师来为摩顶，起走趁奔鹿。

乃知戒律中，妙用谢羁束。

何必言《法华》，佯狂啖鱼肉。

后来，苏轼与辩才法师结为忘年之交，每次听完辩才法师的禅课，他总是内心澎湃，心有所悟。

苏轼身上既有诗人的气质，又有几分玩世不恭。有一次，他故意带着歌伎去拜访大通禅师。大通禅师见苏轼如此荒唐，心中十分不悦。苏轼却笑盈盈地说，如果大通禅师肯把诵经时敲打木鱼的木槌借歌伎一用，就立即道歉。大通禅师只好依言。苏轼当即写了一首词。

南歌子·师唱谁家曲

师唱谁家曲，宗风嗣阿谁？借君拍板与门槌，我也逢场作戏莫相疑。
溪女方偷眼，山僧莫皱眉。却愁弥勒下生迟，不见老婆三五少年时。

原本在气头上的大通禅师，听歌伎将这首诙谐俏皮的词唱出来后，也跟着哈哈大笑起来，所有的尴尬顿时烟消云散。

由于倾慕佛家智慧，苏轼经常出入寺庙。他听闻西湖边的孤山寺里有得道高僧，便特意前去拜访。

腊日游孤山访惠勤惠思二僧

天欲雪，云满湖，楼台明灭山有无，
水清出石鱼可数，林深无人鸟相呼。
腊日不归对妻孥，名寻道人实自娱。
道人之居在何许？宝云山前路盘纡。
孤山孤绝谁肯庐，道人有道山不孤。
纸窗竹屋深自暖，拥褐坐睡依团蒲。

天寒路远愁仆夫，整驾催归及未晡。

出山回望云木合，但见野鹘盘浮屠。

兹游淡薄欢有余，到家恍如梦蘧蘧。

作诗火急追亡逋，清景一失后难摹。

那是一个瑞雪之日，楼台与青山被重重烟雾笼罩着，若隐若现。他走在孤山上，溪水清澈，可以看见水底的石块和游来游去的鱼。两旁的树木十分茂盛，似乎没有人来过这里，只有鸟儿清鸣婉转的歌声。

眼前的一切寂静极了，显得十分幽深。

苏轼来这里寻访惠勤、惠思两位禅师，可是他们的禅房在何处？他找了许久也没有找到。山中云雾缭绕，所见极短，终于看到那条通往宝云山的小道，弯弯曲曲，十分狭窄，显得孤高又冷清。只有得道高僧肯在这里结庐，与青山相伴。

山路迂回，说明寻访之艰，亦表达了苏轼内心之坚定。深山、纸窗、竹屋，只是轻点渲染，更是对惠勤、惠思两位禅师品行的肯定。眼前的景色如此幽旷，更加衬托出禅师淡泊的生活态度和虚怀若谷的人生智慧。

苏轼见到两位禅师时，他们正"拥褐坐睡依团蒲"。不知过了多久，仆夫在一旁催促他起程回家。一句"催归"可见他与惠勤、惠思谈得十分投机，暗含依依不舍之意。

走出孤山时，只见山中"云木合"，说明雾更浓、云更深，以致光线昏暗，分不清树和云。远远地看到一只野鹘，在佛塔上空盘旋。尽管这次出游十分艰难，但他却感受到无穷的快乐。

后来，苏轼被贬到黄州，心中愤懑，又是从佛门找到了皈依之所，并自称"东坡居士"。佛家的智慧和文化正慢慢地改变他，政治上的失意并未使他沉沦，反而使他找到了生命的又一春，实现了人生的蜕变。

风雨欲来

苏轼守父丧期满回到京城时，正值大宋王朝变革之际。宋英宗在位仅四年便因病去世，传位于宋神宗。宋神宗即位后，大胆任用王安石，力图推进新法，对朝中各项措施进行革新，以期达到文治武功的盛世时代。

宋神宗是一个野心勃勃的帝王，有胆识，有魄力。尽管以司马光为首的旧臣极力反对新法，但他顶住一切压力，坚定地站在王安石这边，极力支持王安石推行新法。

在新旧势力相持不下之际，苏轼和苏辙兄弟受到宋神宗的赏识，被委以重任。苏轼任殿中丞、直史馆授官告院，兼判尚书祠部。苏辙则直接进入变法革新的核心阵营。

新旧势力的争斗渐渐白热化，随着新法相继推行，很多旧臣因反对新法被贬离京城，就连司马光也被罢相，到陕西任地方官。苏轼与苏辙处于政治旋涡中心，自然也无法置身事外。苏辙意识到新法中的青苗法会加重百姓负担，建议王安石慎重考虑，但青苗法试行后，效果理想，国家财政显著增加，消除了王安石的顾虑。青苗法正式推行后，苏辙退出了改革核心阵营。

改革科举制度也是变法的内容之一，宋神宗向群臣征求意见。苏轼写了一道名为《议学校贡举状》的奏折，极力反对科举变革，唯独赞同废除诗赋试题。这道奏折引起了宋神宗的重视。

随后，苏轼上万言书表达自己的观点，反对变法，以反对派的身份向王安石发起了挑战。按理来说，像苏轼、苏辙这样的青年官员应该是思想锐进，极力支持变法革新，但他们却站在了新政的对立面。这是因为苏轼在返京途中看到新政对百姓伤害很大，而且朝中大臣争执不休，不利于国家推进新政，所以他反对的并不是新政本身，而是"立法之弊，任人之失"的弊端。

况且，新政虽然能在一定程度上推动社会进步，但是应该循序渐进，像王安石这样狂风暴雨似的做法，苏轼是极力反对的。如果新政不能便民，就如同鱼失去了水，最终会动摇国家的根基。

作为一个以天下为己任的士大夫，苏轼、苏辙决定为百姓发声，想办法减轻他们的负担，让朝廷朝好的方向发展，而不是随波逐流。

对于苏轼对王安石的弹劾，宋神宗一忍再忍。考虑到苏轼才华卓越，可为股肱之臣，他不仅没有问罪于苏轼，反而想过提拔苏轼，让他担任重要官职，但因为王安石的反对，最终未能实现。

在万言书中，苏轼强调：因为变法，朝中不和，人心不一，纷争不断；因为变法，贤良之臣纷纷退隐，朝中局势不稳。他极力指责新政，甚至言明，因推行新政，皇帝渐失民心。

但这些建议没有引起宋神宗的重视，石沉大海。对此，苏轼并未死心，继续上书反对新政，反对变法。尽管宋神宗有所表示，但也没有完全废止新法。之后，苏轼由于在乡试中出了一道名为《论独断》的考题，彻底得罪了王安石，弹劾苏轼的折子很快到了宋神宗手里。

苏轼意识到京城乃是非之地，继续待下去很可能会引来大祸，于是主动提出外调为官。最终，他被调为杭州通判。接到调令后，他带着家眷离开京城，去杭州上任。

从返回京城到再次离开，不过短短两年时间，苏轼深刻感受到时局的变化。急于求成的宋神宗，性子急躁的王安石，使他面临着前所未有的压力。远离这个钩心斗角的权力中心，对他来说是一件幸事。不过，他的心里仍不是滋味。

濠州七绝·虞姬墓

帐下佳人拭泪痕；门前壮士气如云；
仓皇不负君王意，只有虞姬与郑君。

这首诗反映了苏轼被外放时的复杂心情，正如诗中所述，当年项羽大败，落得个众叛亲离的下场，与自己现在的境遇何等相似。由于反对新政，他得罪了很多人，只能外调为官。种种不舍与不甘化作绵绵思绪，飘荡在京城上空。在诗中，苏轼表达了自己的志向，就是像虞姬和郑君那样，誓死坚守自己的职责，不为权势所动。

苏轼一路南行，走走停停，不久来到了颍州。欧阳修退隐后在颍州居住，苏轼特意前去拜访。此时的欧阳修已是花甲之年，见到自己一手提携的后生晚辈，不由得高兴万分。苏轼在颍州待了三月有余，离开时心中十分不舍，此次一别，不知何日才能再见到老师，但前路茫茫，他必须上路。

出颍口初见淮山是日至寿州

我行日夜向江海，枫叶芦花秋兴长。

长淮忽迷天远近，青山久与船低昂。

寿州已见白石塔，短棹未转黄茅冈。

波平风软望不到，故人久立烟苍茫。

离开颍州的苏轼心情十分沉重，开篇便感叹"我行日夜向江海"，从繁华的京城前往遥远的杭州，日夜兼程，透露出一种深深的无奈。他数次上书反对新政，不仅没被采纳，反而受到朝中大臣的诬陷。对此，他不屑一顾，不愿辩驳，只想离开那个是非之地，这又是一种无奈。

这首诗大有贤士不为所用的忧愤之意，所谓"向江海"其实是一种一去不复返的姿态，表明他已厌倦朝中的尔虞我诈，此次离开京城，就如同那不可能回流的洪水。难怪清代学者王文诰读到此句时感叹：此极沉痛语，浅人自不知耳。其意韵之深，已超出文字之外，立于苍茫的天地之间，更显示出苏轼的大才风范。一句简单的话语，便将旅程与内心的矛盾勾勒出来。

秋天无疑是苍凉的，人的心情也会受到影响，生出莫名的忧伤。苏轼想到与欧阳修的分离，想到远离京都，想到自己被外放为官，心情自然与这荒秋一致。当他放眼望去，看见的是"长淮忽迷天远近，青山久与船低昂"，想到的是前途迷茫，仕途艰难坎坷。"忽迷"，是方向迷失；"天远近"，是远离京城，远离权力争斗；"青山""船"，以物代情，是他内心的怅惘与不安。

经过寿州时，苏轼远远地看见白石塔。白石塔不会因为岁月而变迁，人却总是随着岁月而改变。不知不觉间，离京城越来越远，他早已看不见京城，正如他看不见前途一般。远在京城的朋友们仍在那是非之地，他内心牵挂，也只能给予祝福。世事难以预料，谁对谁错，并无定数。

离开京城是苏轼的选择，他尽了自己最大的努力，却什么都没有得到。有的时候，付出不是为了得到什么，而是为了实现应有的价值。但他的价值不在京城，不在变法革新，而在那缥缈的山水之间。他自然知道官场的利害关系，明白要迂回处事，但是他宁愿保持自己的秉性。远赴杭州，成了他人生的另一个起点。

第三章　收之桑榆：

故乡无此好湖山

　　苏轼意识到京城乃是非之地，于是主动提出外调为官。远赴杭州，成了他人生的另一个起点。杭州百姓的热情，使他度过了一生之中最快活的时光。在这里，他尽情地游山玩水，挥洒自己的才华，还结交了挚友陈襄。杭州就像苏轼的第二个故乡。

陌上花开

　　杭州，对苏轼来说，就像是第二故乡，他喜欢这里的山水，爱极了这里的一切。杭州百姓的热情，融洽的人情世故，使他度过了一生之中最快活的时光。杭州通判要处理的公务并不多，其余的时间他可以尽情地游山玩水，挥洒自己的才华。在这里，没有京城那种紧张的争斗，只有整日的闲情逸致，一个爱喝酒、爱吃肉的东坡居士在此诞生。

　　杭州人喜爱苏轼的才华，喜爱他的朝气与潇洒，喜爱他不拘小节的气度和胸襟。苏轼很快就融入杭州的生活当中，他喜欢吟诗作赋，喝酒赏花，这与杭州人的品性不谋而合。

南乡子·梅花词和杨元素

　　寒雀满疏篱，争抱寒柯看玉蕤。忽见客来花下坐，惊飞，蹴散芳英落酒卮。

　　痛饮又能诗，坐客无毡醉不知。花谢酒阑春到也，离离，一点微酸已着枝。

这是苏轼和好友杨元素一起赏梅花时写下的和唱，是他们友谊的见证。

正值岁暮，风寒入骨，百花凋零，只有梅花迎寒开放，远远望去，如玉般美丽。这时，冰雪中来了一群寒雀，聚集在"疏篱"上，争相飞上枝头，似乎想要好好欣赏眼前的梅花。

梅花本是孤寂的，在苏轼眼中，梅花却是活泼的、喜悦的、温暖的。因为春天马上就要来了，那是一种无言的喜悦。在京城的生活就如寒冬一般，虽居于高位，却没有自由，没有一刻闲散。争斗无休无止，让他疲惫不堪。来到杭州后，他渐渐恢复了以往的生活状态，心底感受到无限的美好，就如春回大地般温暖。这既是眼前之景，又是内心的真实感受。难怪顾随先生读到此词时，给出"高处、妙处，只此开端二语"的评价。

这时，一群游客来到梅花树下，寒雀受到惊扰，纷纷飞走，踏散了梅花，梅花直落进游客的酒杯里。爱花、迷花、惜花尽在此中。无论是前来赏花的游客，还是落在树头的寒雀，都爱极了眼前的花景。而那些被惊落的梅花，不偏不倚地落入酒杯之中，无形中增添了一分雅兴。

杨元素才华不凡，喜诗又喜酒。苏轼和他坐在雪地上一边痛饮一边赋诗，好不自在，就连雪化了也未发觉。等他们酒饮尽、花赏够时，春天不知不觉已经来了，一缕暖气已攀上梅枝。由此可见，他与杨元素兴致之浓，以及对梅花之喜爱。酒醒之后，那种飘逸与潇洒仍存于他的脑海之中，每每回想起来，心中就会泛起丝丝暖意。这种快乐，只有杭州才能给他。

后来，为了与弟弟苏辙所在之地济南更近，苏轼于宋熙宁七年

（1074 年）七月自请知密州，秋末离开杭州。在告别宴上，他与好友杨元素依依惜别，写下《浣溪沙·重九旧韵》。

浣溪沙·重九旧韵

《白雪》清词出坐间，爱君才器两俱全。异乡风景却依然。

可恨相逢能几日。不知重会是何年。茱萸子细更重看。

苏轼重情重义，在杭州与杨元素相知相惜，平日能够一起喝酒遣怀，谈天说地。自古以来，酒逢知己千杯少，话不投机半句多，苏轼好不容易得此知音，却要面临分别。杨元素在苏轼眼中不仅是同乡，还是才华横溢的才子，更是政治观点一致的同僚。两人同在异乡杭州，苏轼赞叹杨元素可以在酒席之间就作出阳春白雪般的清新词句。

可惜这般快活的日子却维持不了几天，也不知何年何月才能重逢。希望重逢之时，他们还可以面对面地把玩茱萸。

从这首词可以看到，那个天生乐观、潇洒肆意的苏轼，仿佛隐藏在词句的背后，迎面而来的是他满怀的忧伤，对相逢短暂的叹惜以及后会难期的愁怅。

当所有的依依不舍都化作时光的一部分时，才惊觉自己一直都在路上，心中纵有诸多不舍，都化为车马辚辚。当日真是个好天气，离杭州愈远，离密州则愈近。曾经迷人的湖光山色，随着远行变成了连绵崇山。他心中既有满满的期待，也有淡淡的不安。苏轼很快调整了自己的心态，想起自己在杭州的政绩，虽算不得什么丰功伟业，但也问心无愧。

在杭州期间，苏轼受知府委派，去临安处理公事。在九仙山游玩时，他忽然听到九仙山山歌《陌生花》，情思婉转，不禁心神凄然。

陌上花三首

　　游九仙山，闻里中儿歌陌上花，父老云：吴越王妃每岁春必归临安，王以书遗妃，曰"陌上花开，可缓缓归矣"。吴人用其语为歌，含思宛转，听之凄然。而其词鄙野，为易之云：

> 陌上花开蝴蝶飞，江山犹是昔人非。
> 遗民几度垂垂老，游女长歌缓缓归。
>
> 陌上山花无数开，路人争看翠軿来。
> 若为留得堂堂去，且更从教缓缓回。
>
> 生前富贵草头露，身后风流陌上花。
> 已作迟迟君去鲁，犹歌缓缓妾还家。

　　山歌在耳边不停地回荡，与九仙山的景色一同融化在心中。当地的乡亲告诉他，当年吴越王钱镠的妃子每年春天都会来临安，吴越王便让人给王妃送信，信上说：陌上花开，可以迟一些时日回来。

　　苏轼来到九仙山时，正值春季，景色分外迷人，只见陌上鲜花盛开，蝴蝶在花丛间飞舞，与吴越王妃所见并无差别。可是吴越早已淹没在历史长河中，吴越王妃也已作古，只留下一个凄美的传说。

　　苏轼想到自己与吴越王妃赏着相同的景色，听着山歌唱着吴越王妃的往事，不免感慨"江山犹是昔人非"。尽管如此，吴人仍然高唱《陌上花》，以寄托追思。一切都归于历史，但故事以歌谣的形式留传下来，在每个人的心中流淌着。

　　每年春天，花儿在田间小路上盛开，争奇斗艳，互不相让。远道而来的行人，围在路上，等王妃坐着彩车前来。"山花"既是春景之美又是王妃之美，正值青春年华，而"路人争看"又是一大盛况，可见当时场面十分壮观。想要将春花留住，是何等艰难。即便留在此处，赏尽春花，等归去时，春花还是会凋谢。春花也好，青春也罢，都不可能永驻，总有消失的一刻，不如好好珍惜眼前之景，尽情挥洒。

苏轼感叹，荣华富贵如同草尖上的露珠，死后的风流情事如同陌上的春花，最终都会消逝在时间的长河之中，但是那凄美动听的歌谣会流传下来，成为百姓最美的期待。

所谓陌上花开，不过是转瞬即逝的美丽，最终难逃"江山犹是昔人非"的宿命。花儿再美，始终有凋谢的那一天。正如人的生命，有始有终，任何人都无法逃离。要想获得永恒的生命力，必须造福百姓，建立功业，如那陌上花一般，在人们心中永远地留存。

想到这里，苏轼的内心瞬间空明起来，调离京城在他心中留下的阴影顿时消散，被陌上花开之美所稀释，被眼前美景所感染。思及自身，他竟豁然开朗，京城也好，杭州也罢，无论在哪里，只要做好自己，就能成就一番事业。他生性豁达，一旦通透，心中便空空如也。

杭州的生活正是苏轼所渴望的，闲暇之时可游山玩水，吟诗作赋。诗酒年华，坐看风起云涌。在京城，他的心总是悬在半空，哪里还有快乐可言。朝中的是是非非还是交给别人去折腾吧，他只管过好自己的生活，喝着江南佳酿，醉倒在美好的岁月之中。生活就是如此，很多东西强求不来，只能做好自己，知足常乐。

西湖情结

世人都喜欢美好的事物，因为它可以使人们得到精神上的满足和享受。这正是杭州带给苏轼的体验。他爱杭州，更爱杭州西湖，一忙完公事，就去西湖游玩。

这时的苏轼是快活的，过着神仙般自在逍遥的生活。京城的种种不如意已无法影响他的心情，取而代之的是沉浸于山水之间的喜悦，让他忍不住高声吟唱：从今潮上君须上，更看银山二十回。

有一次，他与著名词人张先同游西湖。张先年过八十，但精力旺盛，思维活跃。两人漫步西湖，突然听到一阵筝声，不禁心情大好，同赋一曲《江城子·江景》。

江城子·江景

湖上与张先同赋，时闻弹筝。

凤凰山下雨初晴。水风清，晚霞明。一朵芙蕖，开过尚盈盈。

何处飞来双白鹭，如有意，慕娉婷。

忽闻江上弄哀筝。苦含情，遣谁听。烟敛云收，依约是湘灵。欲待曲终寻问取，人不见，数峰青。

那是在凤凰山下，雨过天晴，景色别有风味，只见云淡风轻，水色清明。苏轼抬眼望去，被明丽的晚霞所吸引，不禁连声赞叹：好一片湖光山色。这时，一朵荷花突然出现在他的眼前。虽然花期已过，渐渐凋零，但它仍旧是那样美丽、清净，与西湖水融为一体，呈现一种独特的美。他不禁有些醉了。

雨后的西湖本来就明光艳丽，眼前的荷花又增添了几分雅韵。一句"开过尚盈盈"既是荷花的姿态，更是张先的姿态。张先在苏轼眼中无疑是一株清水芙蕖，有着词人独有的高傲和清欢，即便八十有余，仍然透露着一种清蕴之色，令他十分佩服。

这时，一对白鹭似乎是慕名而来，欣赏这美丽的景色。江上传来一阵哀伤的筝声，筝声含着悲苦，让人听后不免为之伤心难过。可是又有谁忍心去听？烟雾因此收起了妆容，云彩因此收起了色彩，万物皆因这曲子透露出来的哀伤，不愿再展示美丽的一面。

一曲终了，弹筝人收起筝来，哪里还有她的身影，只留下连绵不绝的山峰、翠绿的湖水，在湖边和山间荡漾的似乎正是那哀怨的曲调。不过，这种哀伤是短暂的，西湖的景色似包含着世间的种种情绪，令人欲罢不能。

苏轼来自四川眉山，以前以为眉山之美是世间极美。当他来到杭州后，便为杭州的山水所折服。每每游历其中，久久不愿归去，他似乎在这里找到了灵魂的归宿。

六月二十七日望湖楼醉书

黑云翻墨未遮山，白雨跳珠乱入船。
卷地风来忽吹散，望湖楼下水如天。

放生鱼鳖逐人来，无主荷花处处开。
水枕能令山俯仰，风船解与月徘徊。

乌菱白芡不论钱，乱系青菰裹绿盘。
忽忆尝新会灵观，滞留江海得加餐。

献花游女木兰桡，细雨斜风湿翠翘。
无限芳洲生杜若，吴儿不识楚辞招。

未成小隐聊中隐，可得长闲胜暂闲？
我本无家更安往？故乡无此好湖山！

　　这天风和日丽，苏轼在西湖上荡舟，被西湖奇妙的景色所吸引，后来到望楼上饮酒，又见西湖独特的景色。两景皆出自西湖，却不尽相同，不由得感叹"我本无家更安往，故乡无此好湖山"。这是他心底的声音。当他看到西湖如此奇妙的湖光山色，云雨欲来时的朦胧之美，碧波如镜的温柔之美，争相盛开的荷叶之美，便觉置身其间是最大的幸福。

　　置身船中，看那云海翻涌，大雨倾泻，紧接着风卷云散，突然放晴。动静结合之间，仿佛身在风雨之中，随着风雨来去。其中暗含苏轼在京城所经历之事，新政的暴风雨说来就来，将他卷入其中。尽管来得迅猛，但用不了多久就会散去。眼前的西湖平静如初，仿佛那雨、那风不曾来过，无比恬静美好，又无比温柔，如一位美人，静待来客。

　　手中的酒杯空空如也，他醉眼迷蒙，在楼上眺望着平静的西湖，心情大好，内心的喜悦无法言说，只能尽情欣赏这美妙的景色。古往今来，游览西湖的诗人不计其数，只有苏轼是西湖的知己，只有苏轼最懂西湖，能感受到西湖的动静之美。

饮湖上初晴后雨

水光潋滟晴方好，山色空蒙雨亦奇。
欲把西湖比西子，淡妆浓抹总相宜。

　　这首诗描述的既是苏轼眼中的西湖，也是他心中的西湖。寥寥数语，便将西湖之美呈现出来。这一日，他和朋友们相聚在西湖边，共饮美酒，共赏西湖美景。刚开始时，云淡风轻，阳光落在湖面上，熠熠生辉，放眼望去，水光潋滟。

　　这时，天色突变，乌云密布，雨说来就来，哗哗地落在西湖上。只见山雾笼着烟雨，若隐若现，眼中尽是"山色空蒙"。

　　无论是晴也好，雨也罢，西湖总是这样令人心醉。于是，他将西湖比作美丽的西施，那空蒙的山色是她淡雅的一面，那水光潋滟是她艳丽的一面。不同时期的西湖有不同的美，似乎世间所有的美景都落在了西湖，这是上天对西湖的眷恋。这首诗未写西湖一景一物，却道出了西湖之美。因为任何景物都不足以代表西湖，反而会落得俗套，显得小气。

　　苏轼在杭州的这些年，见过西湖的美，有水波不兴的美，有风驰雨骤的美，有雪落西湖的美，还有雾笼西湖的美，每一种美都深深印在他的心间。

　　对苏轼来说，人生最大的乐事就是和朋友在西湖饮酒听曲，吟诗作赋，享受美妙的湖光山色。西湖带给他无限温柔，而他则让西湖之美家喻户晓。

有美堂暴雨

游人脚底一声雷，满座顽云拨不开。

天外黑风吹海立，浙东飞雨过江来。

十分潋滟金樽凸，千杖敲铿羯鼓催。

唤起谪仙泉洒面，倒倾鲛室泻琼瑰。

西湖的暴雨更急、更猛，令人震撼。那一阵响亮的雷声似乎是从脚底传来，强烈的震感划破了天际。他抬头望去，只见有美堂被浓厚的云雾遮蔽着，透露一股朦胧之美。

这时，吹来一阵狂风，风势之疾、风势之猛超乎想象，将海水都吹起来了，如山一般直立在眼前。紧接着，暴雨从浙东横穿钱塘江直逼杭州，顿时天空昏暗，大雨倾盆。"吹海立"，可见风起云涌，雨势磅礴，带着不可阻挡的海潮。"飞雨过江来"，是暴雨的动态之美，由远处而来，横跨大江，呼啸奔腾，更显壮观。这暴雨震撼了苏轼的心灵，原来西湖的暴雨如此壮观，令人难以忘怀。

暴雨迅速落了下来，使大地覆着一层雨膜，雨水顺势而下，流入西湖，很快使西湖溢满。雨点不停地敲打着湖面和远处的山林，气势不减，若是李白在此，定会用这满山的飞泉来清洗脸上的疲惫。他见到这样的奇景，亦会为之惊叹，吟诵出更多的诗篇来。这稍纵即逝的景物在苏轼笔下化作灵动的诗句，气势如虹，与暴雨一样，震撼着人的心灵。

潮起潮落

北宋年间，杭州是江南最大的州郡，也是当时四大商港之一。杭州物华天宝，风光秀丽，是修身养性的好地方。来到杭州后，苏轼很快为这里的独特风光所陶醉，在观赏了钱塘江怒潮之后，他心中的忧思也随着退去的潮水渐渐消散。只见那怒吼的潮水涌向岸边，发出震耳欲聋的声音，他的心一下子被触动了，大自然的鬼斧神工再次让他欢喜。

八月十五日看潮五绝

定知玉兔十分圆，已作霜风九月寒。
寄语重门休上钥，夜潮留向月中看。

万人鼓噪慑吴侬，犹是浮江老阿童。
欲识潮头高几许：越山浑在浪花中。

江边身世两悠悠，久与沧波共白头。
造物亦知人易老，故教江水向西流。

吴儿生长狎涛渊，冒利轻生不自怜。
东海若知明主意，应教斥卤变桑田。

江神河伯两醯鸡，海若东来气吐霓。
安得夫差水犀手：三千强弩射潮低！

　　钱塘江大潮在八月十五最为壮观。到了中秋这天，风和日丽，天气晴朗，苏轼早已无法按捺心中的激动之情。他说："定知玉兔十分圆，化作霜风九月寒。"他设想今晚的月亮一定十分圆，虽然夜间已落下寒气，风中带着浓浓的霜寒，但并不影响他观潮的兴致。

　　终于等到了晚上，苏轼早早地出门，来到钱塘江边。大潮就要来了，苏轼十分激动，只见怒潮奔腾而来，发出惊天怒吼，如万军击鼓呼喊，声势浩荡，像当年王濬带越军沿江而下，一举攻下吴都时的场景。

　　顿时，浪花滔天，就连越山都要被这潮头吞噬。潮势之大超乎想象，潮水之高让人震惊。没过多久，潮水渐渐退去。潮来时的汹涌与潮去时的柔和交织在一起，成为一曲美妙动听的乐音。苏轼深受感染，不由得联想到自己的遭遇：他进京赶考，一鸣惊人，与潮来何其相似。当时的他春风得意，曾被宋神宗委以重任，如今却因新政而不得不离开京城，正如大潮退去。

　　人生和这潮水并无两样，潮去潮来，起伏不定。所以，苏轼感叹："江边身世两悠悠，久与沧波共白头。"他在江边长住，不知何时才能归去。可是岁月匆匆，时光如流水，很快他就会生出白发，就像江海时不时掀起水波。

江水本不能西流，但创造者知道年华易老，于是故意让江水向西流动。向西流动的不仅仅是江水，更是他逝去的人生岁月，以及对返回朝廷的期望。尽管政治上失意，但他不畏强权，依然逆流而上。

在这大潮中，苏轼领悟到人生之起伏，世事之变幻，很多看似不可能的事，都有可能成为现实。尽管他现在调任在外，但新政的实施已带来诸多弊端，总有一天他会再次受到朝廷重用，正如那"江水向西流"的大潮。

既然已经来到杭州，定要做出一番功业来。他怜悯新政重利轻生的荒唐念头，对朝廷不切实际兴修水利工程感到忧心。所谓"东海若知明主意，应教斥卤变桑田"。然而，"斥卤变桑田"往往是神话中才能发生的事，现实中不会存在。朝廷四处兴修水利，无非为了提升政绩，如此便给百姓带来了灾难。这两句诗暗含讽刺，矛头直指新政。

不过，苏轼的内心还是愉悦的。面对浩浩汤汤的大潮，他绝不退后，正如吴王一声令下，波涛两侧的三千弓弩手一齐射向钱塘潮。这样壮观的场景带给他的不仅是视觉的冲击，更是心灵的震撼。

游金山寺

我家江水初发源，宦游直送江入海。

闻道潮头一丈高，天寒尚有沙痕在。

中泠南畔石盘陀，古来出没随涛波。

试登绝顶望乡国，江南江北青山多。

羁愁畏晚寻归楫，山僧苦留看落日。

微风万顷靴文细，断霞半空鱼尾赤。

是时江月初生魄，二更月落天深黑。

江心似有炬火明，飞焰照山栖乌惊。

怅然归卧心莫识，非鬼非人竟何物。

江山如此不归山，江神见怪警我顽。

我谢江神岂得已，有田不归如江水！

　　苏轼经过镇江时，特意去城外的金山寺游玩，拜访了宝觉、圆通两位长老。宝觉长老热情招待了他，还让他留宿寺中。夜半时分，苏轼看到江上夜景，不禁浮想联翩，写下这首七言诗。

　　这首诗分为三个部分。第一部分从"我家江水初发源"至"江南江北青山多"，主写登上金山之巅远眺时所见之景，苏轼从长江联想到自己的家乡，勾起了心中的思乡之情。正如诗中所言"宦游直送江入海"，为官离开家乡，随着江水流入东海。一个"试"字可见其思乡心切，明知道故乡在遥远的天边，无法望见，可他却偏要试一试，这种执着恰恰反映了他对仕宦生活的厌倦。

　　第二部分从"羁愁畏晚寻归楫"至"飞焰照山栖乌惊"。苏轼将视线落在金山寺傍晚和夜间的江景上。入夜后，他注意到两种景色，一种是初入夜时，新月高挂，银光洒落之景；另一种是二更时分，月亮落下时所呈现的漆黑之景。江面被一轮弯弯的明月笼罩着，那朦胧之美迷离恍惚，极富诗情画意。到了二更时分，新月突然消失，天空、江面、金山顿时陷入漆黑，使人兴致索然，心生倦意。就在这时，他突然看到从江心升起一团光焰，像是熊熊燃烧的火把，照亮了整个江面，一直照射到金山，还惊醒了早已栖息的乌鸦。

　　第三部分从"怅然归卧心莫识"至"有田不归如江水"。江心的火光敲击着苏轼的心灵，甚至让他产生了幻觉，这既不是鬼也不是人弄出来的，那它究竟是怎么产生的呢？这个从无到有的景象，带有几分奇幻，让他不禁感叹"江山如此不归山，江神见怪惊我顽"，表达了他不甘沉沦的人生态度。一个"顽"字，既是自嘲，也表明了身不由己，道出了他在仕途上苦苦挣扎、欲进不能的艰难处境。他以江水为誓，表达了置田归家的愿望。

正是杭州的景色使苏轼的心灵得到极大的释放。他爱极了这里，对这里有着深深的眷恋。后来，他在《送襄阳从事李友谅归钱塘》中写道：居杭积五岁，自意本杭人。他将杭州视为第二故乡，甚至以杭州人的身份自居。因为杭州不仅与他有着相同的气质，而且是他新生活的开端。在《喜刘景文至》中，他再次透露自己对杭州的喜爱：平生所乐在吴会，老死欲葬杭与苏。他渴望自己死后能葬在这里，永远与这风景如画的山水相伴。由此可见，苏轼是多么惦念、喜爱杭州。不过，后来他客死常州，既没有葬在杭州，也没有葬在老家四川眉山，而是葬在了距家乡千里之外的河南郏县。

志同道合

人与人之间，从素昧平生到相识相知，或许只是一种机缘巧合，却会在岁月中留下最深的印记。苏轼在杭州结交了不少朋友，他们真诚相待，相互酬唱，过着快意的诗酒生活。

在苏轼到杭州的第二年，陈襄也来到杭州。和苏轼一样，陈襄因为反对王安石新政，数次上书弹劾王安石，但宋神宗不听，可又因十分器重陈襄，于是便将陈襄外调为杭州太守。苏轼是杭州通判，两人就这样认识了。他们共同治理杭州，由于都爱好诗词，政见一致，于是结为忘年之交。

对苏轼来说，陈襄是一位长者，也是仕途上的引路人，更是倾心相交的好友。对陈襄来说，苏轼是一个得力助手，也是才华横溢的知己。他们不是上级与下属的关系，亦不是长辈与晚辈的关系，而是一种平等互助的朋友关系。他们能从对方身上发现闪光的地方，相互欣赏。

陈襄初上任时，曾向苏轼询问杭州百姓最担忧的事情。苏轼经历过杭州旱灾，杭州百姓因缺水而苦不堪言的样子历历在目，于是答道：六井不治，民不给水。陈襄听了决定重修六井。六井原是唐朝名臣李泌所筑，因时间久远，井内淤泥堆积导致干涸。陈襄与苏轼共同讨论治理六井的方法，最终达成一致，并付诸实施，使杭州百姓重新饮用六井水，并灌溉农田。事后，苏轼热情洋溢地写下《钱塘六井记》，详细记述了这件事。

除了政务上互帮互助，苏轼与陈襄还一同赏花、出游、宴饮、吟诗、作赋，相互酬唱，留下了许多弥足珍贵的回忆。

行香子·丹阳寄述古

携手江村，梅雪飘裙。情何限、处处销魂。故人不见，旧曲重闻。向望湖楼，孤山寺，涌金门。

寻常行处，题诗千首。绣罗衫、与拂红尘。别来相忆，知是何人。有湖中月，江边柳，陇头云。

这首词是苏轼前往润州（今江苏省镇江市）和常州视察灾情时，在京口写给陈襄的。他从"携手江村"开始，回忆去年春天与陈襄去杭州郊外寻春的往事。初春时节，梅花盛开，如雪一般飘在衣襟上，他和陈襄一起来到城外，欣赏美丽的春景。如今，寻春之事已成过往，他感叹"故人不见"，只能独自怀念。

每当吟诵起旧时曲调，苏轼就会想起他们在望湖楼、孤山寺和涌金门游乐的情景。这是他们经常游玩的地方，有许多回忆。那时的他们共饮西湖美酒，共赏西湖美景，是多么愉悦！每次游玩之后，他们都会写下诗句，相互酬唱，细细数来已不下千首。

如今，这些诗已铺满灰尘，需要用绣罗衫擦拭后才能看得清楚。

他离开杭州后，有谁会想念他呢？除了往日的故友，就是那西湖的明月、钱塘江边的柳树和城西南诸山的云彩。这"湖口月，江边柳，陇头云"又是他们一起游玩的场景，如此一来，他的怀念之情更重了。

宋熙宁七年（1074年），京城的一纸调令，将陈襄调至陈州。杭州的友人纷纷为陈襄饯行，大家饮酒作诗，表达对陈襄的惜别之情。苏轼在杭州城中为陈襄饯行，酒过三巡，见月色如练，前可望见浙江湖山，后可览尽西湖美景，沙河塘正出其下。陈襄请苏轼赋词，苏轼即席而作《虞美人·有美堂赠述古》。

虞美人·有美堂赠述古

湖山信是东南美，一望弥千里。使君能得几回来，便使樽前醉倒更徘徊。

沙河塘里灯初上，《水调》谁家唱。夜阑风静欲归时，唯有一江明月碧琉璃。

苏轼从眼前的景色写起：只见湖山入眼，有一望千里之壮阔。大自然的美丽风光，唯有这里最美。可是你此次离开，不知何时才会回来。他请求再痛饮几杯，但愿陈襄醉倒之后可以不用离去。只愿将美好的时光冻结起来，一切都在醉中不复长醒，或许就不会有分别。但他们最终只能在诗词中相互赠别，让友情化为一曲曲动听的乐章。

夜色浓郁，华灯初放，不知是谁唱起了动听的水调。他们一直痛饮至深夜，扶醉而归，只见钱塘江在明月的映照下，澄澈得像"碧琉璃"。离思是痛苦的，无法触摸，只能去感受、体会。苏轼借助街头的灯火和传入耳中的悲歌，将环境和心境都表露出来，那种深深的离思跃然纸上。"碧琉璃"既是眼前的夜中江景，也是陈襄的高洁品质和他们纯洁深挚友情的象征，更显离思之重。

相聚的时间越来越少了，陈襄即将离开杭州，苏轼一送再送，一直送到临平。送君千里，终须一别，再送下去只会徒增伤悲。

南乡子·送述古

回首乱山横，不见居人只见城。谁似临平山上塔，亭亭，迎客西来送客行。

归路晚风清，一枕初寒梦不成。今夜残灯斜照处，荧荧，秋雨晴时泪不晴。

对于陈襄的离开，苏轼万般不舍，为了让相聚的时间再长一些、久一些，他一路相送，直到回头时看不见城中的人影，直到送无可送为止。"不见居人只见城"已看不清城中的人影，只能隐隐看见杭州城，可见他送别之远。

苏轼的目光落在临平山的高塔上，它一直伫立在那里，似乎正是为了迎送来来往往的客人，如此冰冷，让人感到阵阵寒意。"迎客西来送客行"这种无情的写法正好反衬他的内心。当陈襄的身影隐没在天的尽头时，种种思绪挥之不去，只能望着他的身影独自生愁。

直到天色渐暗时，他才转身回家。此时晚风凄清，阵阵寒意吹进他的心口。这才刚分别，思念之情便涌上心头，让他难以入眠，正是"秋雨晴时泪不晴"。他因思念而落泪，原来忧伤从未散去。

天下无不散之宴席，即便天各一方，他们仍会思念对方。每当回想起来，苏轼脸上浮现的除了离愁别苦，还有那会心一笑。后来，他们一直书信来往，继续酬唱。他们的友情不会因为岁月的变迁而变淡，相反在记忆深处会变为最美的回忆。

长忆别时

宋熙宁七年（1074年），苏轼在杭州的任期届满。当时他的弟弟苏辙在齐州任掌书记，所以他决定主动请调密州，离弟弟子由近一些，也许就可以经常见面了。前路未卜，他那颗不安的心也只有亲情可以慰藉了。

密州是一块古老、富庶的土地，自齐鲁文化在这里交会后，文化风气变得更加浓郁，儒学在此流传甚广。

苏轼对杭州有诸多不舍，但他对密州也有着许多美好的想象。

残灯如豆，秋风如素。西湖深处的画舫歌声悠扬，杯酒之间竟不觉时光飞逝，他表面上看起来并没有想象中的闷闷不乐。面对苍茫的夜色、平静的湖面，他流露出恋恋不舍的神情，双眼如星光般灿烂。

苏轼明白，那让人眷恋的时光，最终都要化尘入风。他认为，所有的离别都不必诉离殇，而应待功成名就后更好的重逢。

南乡子·和杨元素时移守密州

东武望馀杭，云海天涯两渺茫。何日功成名遂了，还乡，醉笑陪公三万场。

不用诉离觞，痛饮从来别有肠。今夜送归灯火冷，河塘，堕泪羊公却姓杨。

东武是密州，余杭是杭州，两地遥遥相望，不见其身影，只见云海渺渺，重峦叠嶂。不知何时才可一展壮志，功成名就，衣锦还乡，再与君大醉三万场。

苏轼心中的悲恸化作一股力量：上天要菲薄我，我偏要一笑而过。为什么劳累奔波会使人无可奈何，心有不甘？为什么在离别愈是逼近时，心中的思念就愈强烈？

这是因为他的心中还有热望，对未来还有期盼，他希望有朝一日可以衣锦还乡，与亲朋好友欢聚一堂。

他多想和亲朋好友坐在一起彻夜长谈，不醉不归。他想到有聚就有散，有散就有聚，便举起酒杯，大笑着对杨元素说不要像世俗那样将满腔愁绪赋予杯中酒，你看那些宴饮之人有几个是因为离愁别绪的？等酒足饭饱之后，我会提着残灯送你归家，只是未曾想经过那秋水寒潭般的河塘时，在依稀的灯火中默默流泪的人居然是你杨元素啊！

原来离别从来都是无法言说的，恸哭也好，大笑也罢，不过是表达别离的不同方式。痛饮之后，他还是没能忍住眼底的热泪。

在世人眼中，他永远是那个乐观豁达的才子苏轼，但他的心中也有柔软的一部分。在送别杨元素时，他写道："璧月琼枝空夜夜，菊花人貌自年年。不知来岁与谁看。"他和杨元素已经无法再共赏佳境了，只能用婉约的词句来诉说那物是人非的遗憾。

此去密州，不管前路如何，他都要做到问心无愧，造福一方百姓。苏轼推开窗户，看月华黯淡，鸡鸣梦残。他知晓千里之外又起波澜，弄得人心惶惶。纵然有热血雄心，远在千里之外也于事无补，何况他本就寸步难行。但愿在下一个任职的地方，他能有施展拳脚的机会。

经过润州时，他与孙巨源（孙洙）相遇在甘露寺的多景楼上。孙巨源因为反对王安石，同样外任为官。他们在多景楼中举杯共饮，共赏甘露寺美景。席间，孙巨源见"残霞晚照"，便请苏轼填词，苏轼便写下了这首《采桑子·润州多景楼与孙巨源相遇》。

采桑子·润州多景楼与孙巨源相遇

多情多感仍多病，多景楼中，尊酒相逢，乐事回头一笑空。
停杯且听琵琶语，细捻轻拢，醉脸春融，斜照江天一抹红。

孙巨源言："非奇词不尽"。苏轼这首《采桑子》正是一首奇词。他从"多景楼"的"多"字下手，联想到自己的人生际遇，所以说"多情多感仍多病"，将心中之愁、生活之忧一一写尽。偏偏此时他又站在多景楼中，面对如此秀丽的风光，无比感慨。

接着，他交代了和孙巨源在异乡相遇的经过。平实而又富有意味，如潮来潮往。回想当年一起共事时的情景，他不禁感到无比喜悦。如今再次相聚，但转眼间又要分别，如空梦一场。

他的忧伤尽在言外，未说愁，却是如此之愁。先放下手中的酒杯，听一听这琵琶曲。只见那琵琶女细细地捻，轻轻地拢，举止优雅，全然醉于曲调之中。一句"醉脸春融"将琵琶女的神情与动作活灵活现地呈现出来，她定然是两颊泛红，嘴角含笑，充满着动人的青春气息。这时，远处有一抹斜阳，落在江面上，留下一抹红润，与晚霞交相辉映。这既是写景，又是写人，更是写情。

苏轼和孙巨源一路同行，同游扬州，直到楚州才分别。相聚总是短暂，回忆却是无穷的。离开楚州后，苏轼继续北上，路过海州时受海州太守之邀，来到景疏楼。三个月前孙巨源离开海州时，苏轼就是在这里为他饯行，如今再次来到海州，他无比感慨，于是写下《永遇乐·长忆别时》寄给孙巨源，以解愁思。

永遇乐·长忆别时

孙巨源以八月十五日离海州，坐别于景疏楼上。既而与余会于润州，至楚州乃别。余以十一月十五日至海州，与太守会于景疏楼上，作此词以寄巨源。

长忆别时，景疏楼上，明月如水。美酒清歌，留连不住，月随人千里。别来三度，孤光又满，冷落共谁同醉。卷珠帘、凄然顾影，共伊到明无寐。

今朝有客，来从淮上，能道使君深意。凭仗清淮，分明到海，中有相思泪。而今何在，西垣清禁，夜永露华侵被。此时看、回廊晓月，也应暗记。

有些记忆不会因为时间的流逝而淡化，反而会越来越清晰。苏轼与孙巨源分别已久，再次来到当初分别之地，往事自然浮上心头。

那是在景疏楼上，月光如水般清明透彻，一眼望去，似乎能望见河底。他们兴致高昂，喝着美酒，唱着清歌，多么欢愉！可惜再美好的时光也会消散，友人难留，只能让月光陪着自己一同去远方。月亮圆了三次，一晃三个月过去了。

又一个月圆之夜，他独自喝着小酒，想起远方的朋友，顿时感到无比孤独。眼前的景色依旧，但是故人不在，谁能与他共饮？想是无人吧。于是，他只好卷起珠帘，今夜注定无眠了。

接下来他写道，从濉上来的客人，带来了你的消息。此时你在京城，"我"在海州，两人相隔千里，却说"凭仗清淮，分明到海，中有相思泪"。从淮水中感受到友人的相思之泪，这遐想皆因怀念。

目之所见，皆为远方的友人。他们共同赏着天空的这轮明月，共同思念着远方的朋友，一夜无眠。他们之间的友谊无须过多点缀，只要同处一片天空下，就能时不时地想起对方，回想起相聚时的点点滴滴。他的思念融入眼前的景色之中。

眼前月色迷人，江景依旧，但苏轼的兴致早已不在这里。景色是死的，美的只是外形，没有内在的情感。当人们来到这里，留下不可磨灭的记忆，景色就有了独特的意味，当人们再次路过时自然勾起所有的回忆。唯有如此，景色才显得意义非凡。

苏轼望向微微发亮的天际，心中感慨，此时若能和子由相逢畅饮，那该多好啊！庆幸的是，他还能将一腔思绪寄于纸上，把这份心情传达给苏辙。

沁园春·孤馆灯青

孤馆灯青，野店鸡号，旅枕梦残。渐月华收练，晨霜耿耿，云山摛锦，朝露团团。世路无穷，劳生有限，似此区区长鲜欢。微吟罢，凭征鞍无语，往事千端。

当时共客长安，似二陆初来俱少年。有笔头千字，胸中万卷，致君尧舜，此事何难。用舍由时，行藏在我，袖手何妨闲处看。身长健，但优游卒岁，且斗尊前。

苏轼心中壮志难酬的郁闷，对人生不幸的悲叹，也只有在子由面前能展现无余。眼前，荒凉的野外只有零星的旅舍，屋内烛火青冷，那声声惹人厌的鸡鸣正在扰人清梦。他不得已挥去昨夜余梦，走到窗前看那晓月将淡，却仍不肯退出天际；晨霜晶莹，山云似锦，朝霞辉映。

这个世界不会因为谁而停下，它的脚步无止无休，不像这有限的人生，只有短短几十载。也许在有限的人生之旅中，劳苦亦是有限的，就像此时这短暂的平庸。此番情景还能安慰自己，保持难得的欢愉心境。全家的行囊已经收拾好了，苏轼抬起头望了一眼天空，嘴角露出一丝不易察觉的苦笑。如今，他和弟弟还分隔两地，难得一见。他不由自主地把手放在征鞍上，思绪也随着游离的眼神涌入脑海。

那时，他们不仅胸有万卷诗书之才，而且才思敏捷、妙笔生花。那时，他们怀抱着最初的梦想，立志辅佐君主成为尧舜，开创繁华盛世。这一切看起来并不难，可真要做起来却寸步难行。其实，一个人能否得到重用，在于时势，而入世还是出世，却由自己决断。

曾经的一切都已成为往事，苏轼悠悠地叹了口气，将思绪拉回现实。他已经从最初的苦闷中挣脱出来，心境恢复了平静。那些让他心情复杂的过往，不过是为了提醒他保持乐观豁达的人生态度。此般局势，不如收起一切心念，坐看云起时。

第四章 明月几时：

老夫聊发少年狂

宋熙宁七年（1074 年），苏轼在杭州的任期届满。他为了与弟弟苏辙离得近一些，主动请调密州。当苏轼怀着美好的愿望来到密州时，映入眼帘的却是遍野桑麻，荒山连绵。杭州的湖光山色、精美的雕梁画栋，仿佛成了一个梦，他再也无心醉酒，那些深陷愁苦的贫困百姓投来的怀疑目光占据了他的脑海。

上任密州

当苏轼怀着美好的愿望来到密州时，才发现自己错得有多离谱。是啊，人生不如意之事十有八九，哪能事事都如愿。他不因密州现实的残酷而忧伤，只是那满目疮痍令他心生悲悯。

自北宋结束五代的战乱后，密州就开始发展盐业，年产量达三万两千多担，成为当时京东路东部最为重要的盐场。后来又快速发展农业，许多人因农田水利得以发家致富。

苏轼本以为密州虽然地势多变，冰冷的海风吹进这片平原会让空气变得咸湿，但也应该是一个富庶自足之地，可映入眼帘的却是遍野桑麻，荒山连绵。杭州的湖光山色、精美的雕梁画栋仿佛成了一个梦，眼前的似乎才是残酷的现实。黄昏下，他站在木屋草房前，无心醉酒，那些深陷愁苦的贫困百姓投来的怀疑目光占据了他的脑海。由于气候和地理环境的影响，此时的密州正在遭遇着前所未有的困境，旱灾和蝗灾令这里颗粒无收，百姓食不果腹。

又一次去到田间，苏轼无法将目光投向青山白云处，从亲自下田指导灭蝗控灾以来，他仿佛看尽了世间悲凉。在杭州任通判时他就目睹过蝗群肆虐的场面，对蝗灾感触极深。为解救百姓于水火之中，他言辞诚恳地上报朝廷请求资助，并主动登常山祈雨，到处奔波，终于为百姓寻得了水源。

时值新法期间，为了改善灾情，让密州百姓脱困，苏轼大胆地对新法采取了务实的态度，主动取消"手实法"，直接采用了"给田募役法"。

天灾与人祸相依，除了灾情严重之外，密州的盗贼更是猖獗。这些外来的悍卒，不仅栽赃诬陷百姓，还借机打家劫舍。

此时，苏轼明白了为何初入密州时，百姓看他的眼神里充满了怀疑。所以当这伙盗贼杀人，百姓到衙门请求他主持公道时，他便有了主意。身后这座城，经年累月地被风吹过，苏轼从它面前走过，人生似乎厚重了许多。经过他的策划，那群悍卒终于被绳之以法。一度混乱的密州，在他的努力下终于安定了下来。

然而，生活的困苦超过了苏轼的想象，他永远不会忘记那些被遗弃在城墙下的婴儿。怀着悲痛的心情，他抱起了弃婴，带回家中抚养。之后，他又下令州府的官员到野外捡拾弃婴。生活究竟有多困难，父母才会狠心将幼儿丢弃？苏轼看着苍茫暮色，别人不知这里的苦，可他却最清楚。

其实，身为官员的苏轼和这里的百姓一样，家中一贫如洗，每天只能吃些菊花、野菜、枸杞来充饥。但他依然尊重生命，坚持与百姓同甘共苦。

世人敬佩苏轼是有原因的。谁能如他这般坚韧？在艰苦的日子里，他从未消沉过，并且还能满怀希望地谈笑风生。

后杞菊赋·序

天随生自言常食杞菊。及夏五月，枝叶老硬，气味苦涩，犹食不已。因作赋以自广。始余尝疑之，以为士不遇，穷约可也。

……

先生听然而笑曰："人生一世，如屈伸肘。何者为贫，何者为富？何者为美，何者为陋？或糠覈而瓠肥，或粱肉而墨瘦。何侯方丈，庾郎三九。较丰约于梦寐，卒同归于一朽。吾方以杞为粮，以菊为糗。春食苗，夏食叶，秋食花实而冬食根，庶几乎西河南阳之寿。"

唐代陆龟蒙曾说，自己经常以杞菊来充饥，就算到了夏天，就算那些枝叶已经又老又硬，还是会每天都吃。苏轼刚开始还以为这只是虚构出来的故事，一个读书人无论如何也不会落到吃草木的地步。

来到密州后，他想起了这件事，才知道自己是再次狂妄了。自己未经历过，并不能说就是假的。如今目睹百姓们吃草木度日，他本人亦是如此，再想起当初的猜测，他觉得自己有些好笑，于是写了这首赋来自嘲。出乎意料的是，此文日后被诬陷为讥讽朝廷过度使钱，成为"乌台诗案"的罪证之一，这都是后话了。

密州严重的灾情和贫困的生活没有将苏轼打倒，经此一事，他的心胸变得更加豁达了，面对困难的态度也更加洒脱。

他说人生在世，就要像手肘那样能屈能伸，没有必要过分追求荣华富贵。何为贫穷？何为富贵？何为美艳？何为丑陋？有的人天天山珍海味还是长得又黑又瘦，有的人天天青菜粗糠还是长得白白胖胖。有些人梦想着过上富贵的生活，吃价值上万的珍馐，最后还不是一样身死骨朽。富贵也好，贫穷也罢，只要问心无愧，这一生便是圆满的。因此，作为密州太守，吃杞菊又如何？他宁愿和百姓同甘共苦，也决不和贪官同流合污。

时光匆匆，一去不回头，从繁华的杭州来到荒凉的密州，让苏轼感到寂寞的不是困苦的生活，而是密州的孤寂让他想到了自己。他怀念在杭州与朋友开怀痛饮的日子，那时他和杨元素泛舟西湖，高谈阔论、畅所欲言，诉说着彼此的抱负和委屈。

蝶恋花·密州上元

灯火钱塘三五夜，明月如霜，照见人如画。帐底吹笙香吐麝，更无一点尘随马。

寂寞山城人老也，击鼓吹箫，却入农桑社。火冷灯稀霜露下，昏昏雪意云垂野。

那一晚，杭州的灯火分外热闹，街上车马如流、行人如织。他一边看着热闹，一边和几位朋友观看灯谜。明月比白霜还要皎洁明亮，照在行人脸上仿佛是一幅画，笙管升平，空气中弥漫着香气，那骑着马的人也不会因此扬起灰尘。

看眼前这座古老的城，城里的人们似乎也被岁月变成了老叟。灯火冷清，霜也微微地下了起来，他们在阴暗昏沉的乌云下击鼓吹箫，沿着街道一直走到农桑社去祭祀土地神。天灾人祸已经让这座城市变得满目疮痍，相比繁华的杭州城，这里的人更加渴望风调雨顺、美满安康。他穿过寂静的街巷，望了一眼天空，这是快要下雪了吧？

两种不同的景象，两种不同的心情，苏轼心中怀着对杭州的思念，也怀着初来密州时的孤寂。元宵节这样重要的日子，使寂寞清冷的密州也变得萧索起来。冬日里的密州，不仅环境空旷，气候更是寒冷。

曾经沧海难为水，如今的苏轼再也不是那个在杭州过着快意生活的人。他见过杭州的富足繁华，也见过密州的荒凉贫瘠；他体验过江南的诗情，也体验过密州的粗陋。最让他感到痛心的是，在这片土地上民不聊生，而他只能徐徐图之，不能立刻让百姓过上好日子，这怎能不令他闷闷不乐？

看到百姓在土地面前诚心祈求来年丰收的样子，苏轼久久不动，他也希望来年是一个丰收年，所以写道"昏昏雪意云垂野"，虽然意象清冷，但足以看出他心中的期盼。值得庆幸的是，所有的等待都是值得的，所有的付出也都是值得的。

他在门前站立许久，直到雨雪纷飞，远处只剩下山峦模糊的轮廓。长街里，匆匆而过的行人显得背影零落。烂漫的雪花，是为了给劫后余生的人们雪上加霜，还是为了覆灭蝗虫卵？

仰望苍茫的天空，他左手成拳，抵在胸前用力咳嗽了几声，冰冷的风迎面而来，吹起他散落的发丝和衣衫，他一动不动，直到视线模糊，心底浮现的感伤像初至的那片雪花，悄悄落下又悄悄融化。

屋里的炉火烧得正旺，却难抵这入骨的寒意，苏轼躺在床上，冰冷的被褥就像被水浸过一样。彻夜难眠，当他再次睁开双眼时，帷帐上已有了亮光，他以为那是晨光从外面透进来了，起身去看，原来是挂在屋檐上的冰溜子。

他推开门，一路扫除积雪，登上北台。此时天已放晴，只见城中白茫茫一片，只有远处的马耳山露出了隐约的山尖。乌鸦在城头飞上飞下，路上的积雪正在融化，那些压过它的车辆还沾着未化的雪渣子。

在白雪的照映下，阳光显得更加刺眼，整个大地如同银海一般，房屋好像天上的玉楼，行人的脸都冻得红通通的。但愿"遗蝗入地应千尺，宿麦连云有几家"，这样大的雪，蝗虫应该都覆灭了吧？来年庄稼会长得很茂盛吧？这是苏轼最大的希冀和祝愿。

在密州任职两年，苏轼的所作所为让这里的百姓看到了希望。两年的时间说长不长，说短不短，当日子成为过去式，他才发现自己与密州已经结下了深厚的感情。

初至密州，他亲自带领人们下田灭蝗；天大旱，他无数次登上常山求雨，又奔波在密州各地，只为寻得一汪清泉；盗贼猖獗令百姓苦不堪言，他果断地上书朝廷，提出治盗必须治本，治事必须与治吏相结合，只为让百姓安居乐业；看到路边皆是弃婴，他未曾考虑就抱养了他们，只为不辜负这宝贵的生命。

这两年，他无时无刻不在为百姓谋福，无时无刻不在为百姓改善生活环境，早已和密州密不可分。所以，当天降大雪时，他只希望不要再出现"秋禾不满眼，宿麦种亦稀"，只希望"今年好风雪，会见麦千堆"。

宋熙宁九年（1076年）底，苏轼即将从密州调离。随着离开的时间越来越近，他心中的不舍越来越浓，想到密州虽然比他刚到时改善了许多，但还远远不够，他心中充满了愧疚，所以在诗中写道"平生五千卷，一字不救饥""永愧此邦人，芒刺在肤肌"。同时，他希望新上任的密州知州孔宗翰可以让百姓们过上好日子，所以又写道"何以累君子？十万贫与赢"，这大概是他最后的嘱咐了。密州百姓洒泪为他送别，他不忍再回头，害怕自己强忍的泪水会在此刻倾泻而出。走了许久，他才回过头来，泪眼蒙眬地看向那片山，那座城，那些人。

江城子

前瞻马耳九仙山。碧连天，晚云闲。城上高台，真个是超然。
莫使匆匆云雨散，今夜里，月婵娟。

小溪鸥鹭静联拳。去翩翩，点轻烟。人事凄凉，回首便他年。
莫忘使君歌笑处，垂柳下，矮槐前。

放眼望去，马耳山和九仙山还是和往日一样巍峨，山尖直入云
天，碧绿的河水似乎与长天连成一线。苏轼站在高高的超然台上极
目远眺，只觉得天地是那么的宽阔，让他的心胸也变得宽阔起来，
仿佛天地间再无其他。这场雨来得快，走得也快，一阵清风迎面吹
来，他才发现不用多久明月就要高照了。

方才那些鸥鹭还在小溪里快活地嬉戏，这会儿只看到它们翩然
离去的身影，模糊得像升起的轻烟。他又想到了自己，仕途坎坷令
人感慨，一回头便成为过去。这两年来，他对密州的山山水水早已
熟悉，如今不得不离去，这山水美景最是令人难以忘怀。杨柳依依，
槐树葱葱，他怎能不心生怜惜？

今日登台，想起这段时间寓居密州，回想自己的半生时光，眼
前所看到的景色，似真似假，亦实亦虚，不过都是他在追忆往昔，
感叹今日亦将成为往昔的一部分。清代黄子云曾说："景无不真，情
无不诚。"确实，每天都有每天的情事景物，如果作者可以随境兴
怀，那就没有不真的景、不诚的情了。

千言万语不知从何说起，似乎是那景，似乎是思绪万千的心情，
不管是哪一种，都是为了表达他对密州的一片深情，就让这份真挚
的心意化为美妙的词篇吧！

密州出猎

　　尽管身处逆境，但是苏轼始终相信，再艰苦困难的道路，只要一步一步地走，总有一天会走完；如果不迈开双脚，再短的距离也无法跨越。他始终相信着，正如他在一片荒凉的密州，也从未放弃过一样。既然来到这里，他将竭尽所能地为民服务。无论多少磨难，多大风雨，都无法抵挡他的赤子之心。所以他敢于在密州停止对民不利的新法，重新启用对百姓有利的手实法。

　　从杭州到密州，他的所作所为让人看到他出色的政治才能。他行事果断，从实际出发，绝不纸上谈兵，很多事务都是亲力亲为；他心肠仁慈，两袖清风，甘愿与百姓同甘共苦。

　　渐渐地，他与密州的关系越来越和谐，越来越亲密。这块古老的土地民风淳朴，密州人亦尚文，这倒与他的个性一致，让他倍感心安。尽管生活还是很艰辛，但他却不觉得寂寞孤苦了。这段时间以来，密州同时遭遇了蝗灾和旱灾，身为州郡长官的苏轼忙于求雨、寻找新的水源，整天奔波在田间，带领群众灭蝗。

　　忙碌的日子让他感到疲惫，更让他觉得充实。在忙碌中，他错过了大好的春光。尽管有些可惜，但他希望来年密州风调雨顺、富足安康，百姓都有时间去看看那美丽的春景。

密州多寺庙僧人，其中南禅寺、城北苏氏园，每年都会用牡丹供养佛陀。当他听说还有牡丹在这肃杀的季节里开放时，感到惊讶极了，内心也随之兴奋起来。

苏轼难以按捺激动的心情，他怎能辜负上天的美意，何不摆酒设宴与众人共赏名花，好让这快乐的气氛缓和灾难带来的沉重。

雨中花慢

初至密州，以累年旱蝗，斋素累月。方春牡丹盛开，遂不获一赏。至九月，忽开千叶一朵。雨中特为置酒，遂作。

今岁花时深院，尽日东风，荡飏茶烟。但有绿苔芳草，柳絮榆钱。闻道城西，长廊古寺，甲第名园。有国艳带酒，天香染袂，为我留连。

清明过了，残红无处，对此泪洒尊前。秋向晚、一枝何事，向我依然。高会聊追短景，清商不暇馀妍。不如留取，十分春态，付与明年。

今年百花盛开时，本该去春游赏花，可他却在深院高墙里，日复一日地吹着东风，陪伴他的只有袅袅的茶烟，墙角的绿苔和芳草，院落里的柳絮和榆钱。现在回想，才惊觉自己错过了春光，当时的他忙得焦头烂额，连这般美好的时节都没有察觉。

听说城西那边的长廊古寺、甲第名园种满了牡丹，其中不乏"醉贵妃"和"御黄袍"这两种名品，使他心生向往。清明早已过了，连残红都无处可寻，他想要寻一赏花之处也极为困难，不禁感到有些遗憾。

深秋将至，为何眼前这枝牡丹却开得如此娇艳？难得在这个万物萧瑟的季节里看到牡丹花开，他决定设宴会客，共同赏此美景，秋风不会怜惜开得正好的牡丹，但他会怜惜。珍惜眼前的美好，追随那稍纵即逝的时光，他多想将眼前的景色留住，好让它继续开在明年春天。

这首词先交代了他无缘赏花的遗憾，又将如何度过春天的生活小景展现出来，词中充满了错失春光的遗憾。事实上，苏轼并非贪图享乐之人，那段时间密州灾情甚是严重，他忧民所忧，为百姓谋福，是一位不可多得的好官。

苏轼见到这秋日牡丹的景色，心中产生了疑问："一枝何事，向我依然。"虽然问得有些无理，但却有情。世间万物自有其运作机制，本与人无关，但眼前的牡丹仿佛通人性一般，知道他因错过春光而心中落寞，于是赶在寒冬来临之前开放，给他一个惊喜。

之前由于错过而产生的遗憾，通过这枝娇艳的牡丹得到了弥补，他就是这样容易满足。这似乎在暗示着，虽然此刻他不被朝廷重用，但只要有一天朝廷想起了他，需要他，他亦会义无反顾。

赤子如苏轼，他的心如同一颗水晶，毫无杂质。秋日牡丹让人陶醉，但他明白好景不长，只能格外珍惜眼前的美景，以寄寓对未来美好生活的憧憬。

苏轼面对牡丹花所表现出的多愁善感，都源于他热爱生活，热心于济苍生、安社稷的事业。由于在实现理想的道路上寸步难行，备受挤兑，不被重视，他也曾感到沮丧，不止一次想到归隐。他多想像陶渊明那样"采菊东篱下，悠然见南山"，所以当东武令赵晦之罢官回海州时，他写下《减字木兰花·送东武令赵昶失官归海州》。

减字木兰花·送东武令赵昶失官归海州

贤哉令尹，三仕已之无喜愠。我独何人，犹把虚名玷搢绅。

不如归去，二顷良田无觅处。归去来兮，待有良田是几时？

赵晦之是一位贤明的县令，而且心胸开阔，令人敬佩。苏轼觉得自己不能与赵晦之相比，如今赵晦之都要罢官而去，他心中也生出了一股逃离红尘、归隐田园的想法。不如就此归去吧？

但最终理性战胜了感性，他还是隐忍地行走在世间。这就是苏轼，不管他感性的一面如何催促，他理性的一面都会跳出来，让他认清自己的内心。人生在世，很多事情不会因为你的逃离而改变，也不会因为你的逃离而消失，如果你不去面对，它永远都是伫立在你面前的一堵高墙。以苏轼超然的领悟能力，他又何尝不懂得？所以，他知道真正属于自己的归隐还未到来。

树上的最后一片叶子不知何时已掉落，北风飒飒，迎面而来。长街上的酒家旗幡在风中飞舞，苏轼紧了紧身上的衣裳，街上冷冷清清，他看了一眼肃杀的天空，密州的冬天来了。顾不上被风吹乱的衣袂，顾不上日渐逼近的寒意，他急匆匆地向同僚走去，今日他们还要前往常山祈雨。

自从来到密州的那一天起，他记不清已经去了多少回常山，求了多少回雨。他从来不是一个迷信的人，但为了密州百姓，他愿意一试。日子除了忙碌，还有眼前无尽的荒凉，让他感到忧愁、苦闷。唯一的乐趣就是每次从常山回来的路上，他都会和同僚一起去铁沟打猎。黄茅冈下的围场又宽又长，一路上护卫们手持皂旗在车前开路，浩浩荡荡。这里地势不高，树木茂盛，林中时有猎物的叫声传来。

苏轼跨上马背，矫健的马儿奔跑起来仿佛在与风嬉戏，他听任马儿在围场纵横驰骋，呼鹰策马、箭镞纷飞，场面热闹非常。姑且让年老的他也像年轻人那样热烈疯狂一次吧！训练有素的苍鹰刚开始还乖巧地停在他的肩上，一看到兔子就扑腾地飞了起来，风一样地向猎物掠去。猎物接二连三地出现，一行人也紧张地追捕着，经过激烈的较量，他觉得浑身都畅快了，沉郁的心情也随之消散。

苏轼回头看了一眼苍翠的常山，只见白云缭绕，再看看自己，身上不知何时沾上了些许红叶。此时，他意犹未尽，心中想道：如果朝廷肯对他委以重任，他定将不负重托。

祭常山回小猎

青盖前头点皂旗，黄茅冈下出长围。

弄风骄马跑空立，趁兔苍鹰掠地飞。

回望白云生翠巘，归来红叶满征衣。

圣明若用西凉簿，白羽犹能效一挥。

这次狩猎，苏轼先是作了上面这首叙事诗，描写围猎的过程，将内心的郁结一泻千里，但他对这首诗并不满意。诗与词有着明显的区别，词往往比诗更加生动、充沛，更能将他狩猎的心情表现得淋漓尽致。烛火下的苏轼紧皱双眉，但很快便豁然开朗，眉眼含笑，提笔写下《江城子·密州出猎》。

江城子·密州出猎

老夫聊发少年狂。左牵黄，右擎苍，锦帽貂裘，千骑卷平冈。为报倾城随太守，亲射虎，看孙郎。

酒酣胸胆尚开张。鬓微霜，又何妨。持节云中，何日遣冯唐。

会挽雕弓如满月，西北望，射天狼。

这首词淋漓尽致地表达了苏轼的心情。他在给友人的信中写道："近却颇作小词，虽无柳七郎风味，亦自是一家。"此词的确别有一番风味，不同于以往的婉约之风，整篇都透露出一股阳刚之气、豪迈之情。

他在密州的生活仍旧是失意的、落寞的，只不过他一直将这股情绪压在心底，郁积愈久，一发即烈，所有的情绪、心意都跃然纸上，如海上风浪般势不可挡。他戴上锦帽，穿上貂裘，左手牵着黄犬，右臂擎着苍鹰，上千随从跟着他如疾风般席卷平冈，这时的他真是一个意气风发的老者。他发誓，定要像孙权那样射杀猛虎，以报答那些随他出猎的人的盛情。

出猎之际，苏轼举起酒杯与众人开怀畅饮，此时酒意还未消散，看着眼前的猎物，苏轼心情大好，胸怀也随之变得开阔起来，胆量也更为豪壮了。此时的他，头上已有银发，但这又有何妨？年龄从来不是他实现抱负的障碍，更不是他推脱的理由。只要朝廷肯重用他，像汉文帝信任魏尚那样信任他，他一样有力气将雕弓拉满成圆月状，朝西北射去，击败西夏的豺狼。

北宋仁宗、神宗时，国力并不强盛，外有辽国和西夏时常侵扰。苏轼由国事联想到自己怀才不遇、壮志难酬，所以在结尾处写道："持节云中，何日遣冯唐。会挽雕弓如满月，西北望，射天狼。"借汉文帝和魏尚的典故，表明心中夙愿，让我们看到了那个豪情万丈、一心想要报效国家的苏轼。他的抱负、追求，从来没有因为密州的荒凉而冷却。相反，他那颗炽热的心在这个凛冽的冬日散发出火热的光芒。

千里孤坟

爱上一个人也许只需要一瞬间，但忘记一个人有时用一辈子也无法办到。王弗对于苏轼而言便是如此。

他们曾经度过一段幸福美满的时光，可惜上天无情，将她从他的身旁夺走了。如今，那些悲欢离愁看似已被四季的风吹淡，他与她之间的故事似乎也被吹散，但只有他最清楚，那些深藏心底的感情从来不曾消散，那些令他心痛的记忆也从未消失。

细雨如丝，银白色的雨幕从天上飘然而至，顺着瓦片从屋檐滑落，久旱的密州如饮甘霖。或许是上天看到了密州百姓的艰难，或许是苏轼和百姓们的诚心感动了上天。不管是哪一种，这场雨总算不负众望。

苏轼站在窗边，出神地看着夜幕下的雨帘，手中毛笔上的墨滴落在纸上，留下一个黑色的点。书房内安静无声，烛光摇曳，他清俊的目光里有着尘世的羁绊以及绮梦的恍惚。一时之间，他心情复杂，其中不乏悲伤、牵挂、叹息和痛苦。还记得那年正月，他服丧期满，就要离开家乡赶赴京师。她一身月白色罗衣，站在门口低眉浅笑，眼中有不舍亦有渴望，最后归于一汪灵动。他知晓她的心意，她也明白他的志向。

自四川至江陵，她的模样一直在苏轼的脑海中挥之不去，当那座神女峰出现在眼前，他愈发想念她了。她可知远在千里之外的他，此刻正备受思念煎熬？

蝶恋花·记得画屏初会遇

记得画屏初会遇。好梦惊回，望断高唐路。燕子双飞来又去，纱窗几度春光暮。

那日绣帘相见处。低眼伴行，笑整香云缕。敛尽春山羞不语，人前深意难轻诉。

他与她在画屏前第一次相遇的情景，至今仍历历在目。梁间的燕子春来秋去，春光也在纱窗外流逝，可他对她的思念却未减少。在与她分开的日子里，他没有一天不是在思念中度过。

那天，他与她在绣帘处碰见，她低着头，一脸娇羞，一边微笑着用手整理自己的鬓发，一边假装要走开。虽然她敛着眉头没有说话，可是他知道她并非对他无情，只是不便在人前吐露出自己的真心。那真是一段甜蜜且美好的回忆！他多想将那羞涩的微笑定格，将那温馨的瞬间锁定，让那浪漫的时刻成为永恒。然而，当时有多美好，现在就有多心痛。如今，他和她只能在梦里相会了。

在梦中，妻子王弗还是年轻时的模样，眉眼含笑，款款地走到镜前梳妆，犹如初开的莲花在细雨朦胧中隐约浮现。他不敢向前，但又怕她会忽然不见，于是缓缓地朝她走近，也许是心有灵犀，她回过头来，向他露出一个温柔的笑容。久寂的心湖似乎被投进了一颗石头，激起层层涟漪。四目相对，天地无声，所有的人生苦难都不见了，所有的喧嚣都安静了，所有的时光都停止了。

天地之间唯有他们二人，他看到她眼里的柔情，还有深藏的清愁；他看到她眼中的自己，头上已有青丝，一副老态。他多想上前，将心中的苦楚说与她听，多想再听到她轻声的安慰和清脆的笑音。为何明明心里有许多想要对她说的话，此刻却无法吐露一个字？千言万语，皆化作一个眼神，就这样静静地对望着。

有多长时间没有梦见她了？他最清楚，自她离开，至今已经十多年了。这些年来，他无数次想与她在梦中相见，她却不肯入梦，今夜总算如愿以偿了。他也曾自问为何她不肯入梦，但始终不得答案。现在他忽然明白了，并非她无情，不过是怕他伤怀罢了。

还记得她如莲的笑靥在春风中俏立，还记得她环佩叮咚舞步轻盈，还记得初见时她明亮的双眸充满了空灵……她的一切都恍如就在眼前。不等开口，他只觉得无法自控，眼泪像落花那般满天飞，他心中的苦楚、眼角眉梢的憔悴，她都能看透。

他已经走了太久的路，终于在她充满柔情的眼中看到了自己。世上有太多的不得已，他不能与她白头偕老便是其中之一。那个知他、懂他、爱他、惜他的女子，从世上消失了，但她永远活在他的心里。他回过神来，看向纸上的墨迹。一个梦，轻易地打开了他埋藏最深的记忆，以及那个锁在心底的女子。

江城子·乙卯正月二十日夜记梦

十年生死两茫茫。不思量，自难忘。千里孤坟，无处话凄凉。纵使相逢应不识，尘满面，鬓如霜。

夜来幽梦忽还乡。小轩窗，正梳妆。相顾无言，唯有泪千行。

料得年年肠断处，明月夜，短松冈。

梦醒时分，才知道情深处最可恨的是生死相隔。他不想去思念她，却无法控制自己，十年阴阳两隔，这种相思注定了茫然，不能相见。他想要到她的坟前诉说心中的凄凉，但他终年在外奔波，与她的坟墓相隔千里。

她还是当年模样，而他已经老了。这样灰尘满面、鬓发如霜的他，即使和她相逢，她还能认出来吗？

今夜，苏轼在梦中回到家乡，她正在小窗前对镜梳妆，还是和生前一样，在家中等他归来。两人相望时他才知道，不管他变成什么样，她都能一眼认出来。不然她的眼中为何柔情满满，似有千言万语。他又何尝不是？此刻只有相对无言泪千行，想起那长着小松树的坟山，虽然常有明月照耀，但也是年年令他最为心痛、断肠的地方。

苏轼已经不记得自己究竟花了多长时间来平息心中的悲痛，或许这悲痛从未平息过，一直都在他的内心深处。人们只看到他写《亡妻王氏墓志铭》时平静的语气，却不知在平静的语气下暗藏的悲伤。她再也不能陪着他四处奔波了，他也不能守着她的坟墓度日，于是他亲手为她种下一片松树，就让它们暂且代替他的陪伴吧！

爱妻已逝，他只能用恍惚的文字来表达对她的思念和追忆之情，这是他的无奈，也是他的才华所在。自《诗经》始就有悼亡诗，从"绿兮衣兮，绿衣黄里。心之忧矣，曷维其已"，到潘安的"之子归穷泉，重壤永幽隔"，再到元稹的"曾经沧海难为水，除却巫山不是云"，以及李商隐的"剑外从军远，无家与寄衣。散关三尺雪，回梦旧鸳机"，这些作品无不悲切感人。

用词来追思爱妻，苏轼是第一人。与前人作品不同的是，他明确写下了做梦的日子，以梦来抒发胸中悲怀。因此，陈师道评价：
"有声当彻天，有泪当彻泉。""十年生死两茫茫"，逝者已逝，对人
世的变化也无从得知了，他作为生者却不曾想爱妻逝世已有十年。
"不思量，自难忘"，当年夫妻情深犹在眼前，虽然因为生活奔波、
仕途坎坷而不能时常去她坟前倾诉衷肠，但那份感情被他埋在心底，
难以消除。"千里孤坟，无处话凄凉"，此句极为沉痛，孤坟远在千
里，想要诉说心中的凄凉都无法做到。他何尝不明白，就算孤坟在
眼前又如何，生与死的界限永远无法超越。"纵使相逢应不识，尘满
面，鬓如霜"，这时他已经四十岁了，双鬓发白，她离世十年，即使
他们还能相逢也应该认不出来了。

　　苏轼将自己深沉、悲痛的感情化为纸上词句。十年了，他割舍
不下的不仅是那份轰轰烈烈的爱情，还有那种相濡以沫的亲情；十
年了，他受不了的不是千里孤坟，而是和相爱相知的人阴阳两隔。

　　在这个世界上，爱有诸多化身，它可以是执子之手、与子偕老，
也可以是相濡以沫、生死相许，还可以是凝重浓厚、相依为命。不
管是哪一种，都像一把利剑插入苏轼的心脏。他的深情似乎不必再
多做解释，那首词足以让人在历史的长河中反复吟唱。纵使时光流
转千年，人世间最值得感念的深情都未曾发生改变。斜月半窗，那
个姣好如初的女子恍惚间向他走来，似乎将他的半世流离都看在了
心里。他知道，她早已不在了，只剩下自己孤寂的影子，只剩下相
思和回忆。

乘风归去

初来密州时，灾祸不断，身为知州的苏轼忧心忡忡，只能全力抗灾。在他的努力下，密州有了很大的改观，百姓的生活有了着落。于是，他开始着力整治园圃，以艺术家独有的眼光来改造密州，让密州焕然一新。

在园圃北面有一个旧台，年代久远，破旧不堪。苏轼命人将其修葺一番，之后，他将这件事告诉苏辙，苏辙为此台取名"超然"。所谓"超然"，即苏轼无论在哪里，都能感受到快乐。这正是因为他的心超然于物外，方能不以物喜，不以己悲。苏轼深有体会，写下了《超然台记》。他说，世间万事万物皆有可欣赏之处，只要善于发现，便能体会到快乐之所在。或许这就是他整治园圃的目的，生活的富足不仅在于解决温饱，更在于精神上的愉悦与满足。

当然，生性乐观的苏轼并非没有烦恼，思念家乡便是他的忧愁之一。暮春时节，他再次登上超然台，望着满城烟雨和满地残败的春色，乡愁不知不觉涌了上来，久久无法消散。

望江南·超然台作

春未老，风细柳斜斜。试上超然台上看，半壕春水一城花，烟雨暗千家。

寒食后，酒醒却咨嗟。休对故人思故国，且将新火试新茶，诗酒趁年华。

超然台上，苏轼独自伫立，向四周眺望，将满城春光尽收眼底。不觉间，一阵微风吹来，柳枝迎风飘然起舞，原来春天还没有过去。"春未老"，虽为暮春，春却仍在，只见护城河正微微闪动着，仿佛是点点泪花。远处的密州城内，绽放着春花，十分宜人。更远处是那没于雨影中的千家万户。

他感受到家的温暖与喜悦，却无法归家，只能在这陌生的地方独自伤悲。酒醒后，思乡的情绪更加浓郁。寒食节刚过，马上就是清明节了，他无法回乡扫墓，只能独自叹息。

寒食节通常在清明前两天，从当天开始要禁火三天。寒食节过后重新点火，是为"新火"。此时，寒食节已过，苏轼心中乡愁难断，但他马上借助"新火"煮茶来缓解心中的愁思。最后，他感叹"诗酒趁年华"，这是一种超然于物外的思想活动，即暂时忘却尘世间的一切，抓住眼前最好的时光，以诗酒自乐。"年华"既与"春未老"相呼应，又暗示苏轼此时正处于人生中最好的时机，由眼前的暮春之景进入"超然"的境界之中，正是其思想的精髓所在。

暮春乡愁刚过，秋愁又来。苏轼调到密州后，离苏辙所在的齐州仍然有一段距离。是年中秋之夜，他望着天空中的明月，酒兴正浓，顿时诗兴大发。

水调歌头·明月几时有

丙辰中秋，欢饮达旦，大醉，作此篇，兼怀子由。

明月几时有，把酒问青天。不知天上宫阙，今夕是何年。我欲乘风归去，惟恐琼楼玉宇，高处不胜寒。起舞弄清影，何似在人间。

转朱阁，低绮户，照无眠。不应有恨，何事长向别时圆。人有悲欢离合，月有阴晴圆缺，此事古难全。但愿人长久，千里共婵娟。

大自然是神奇的，明明只是普通的月景，却被赋予了浪漫的色彩，一阵浓浓的思乡之情透过月亮传递出来，流淌了数千年仍不止息。苏轼已然大醉，醉眼中的月亮显得更富有诗意，更能激起心中的愁思。他想起远在异乡的苏辙，不知何时二人才能相聚。一个疑问突然闪现在他的脑海里：这轮明月是何时出现的？于是，他举起酒杯，对着苍天发问。"青天"被他当作朋友，所以才能把酒相问，可见他非凡的气魄。显然，明月很早之前就有了，答案只有"青天"知道。只是不知天上的月宫里，今天是何年何日。

今晚的月亮这么圆，这么美，让他突然产生了想到月宫看一看的想法。他说"归去"，正是将明月当成自己的归宿，那种超然于物外的思想再次显露出来。但他却害怕高高的楼宇，害怕那九天之外的寒冷。

自从凤翔以来，苏轼的思想日渐成熟，他渴望探寻世间的真理，找到快乐幸福的源头。他思考得越深，那种"羽化而登仙"的想法就越强烈。他深深地感觉到尘世的烦恼，渴望过一种逍遥自在的生活。但是他仍坚定地留在尘世，因为他热爱生活，骨子里的艺术情怀让他十分珍惜眼前的生活，哪怕它再不堪，他仍然能自得其乐。

苏轼一方面积极入世，追求功名利禄，另一方面又向往自由，渴望归隐田园，最终形成了乐观豁达的人生态度。对生活中的一切苦难，他都能做到苦与乐并行。在他的思想深处，入世仍然占据主导地位，所以他才会说"何似在人间"，与其飞到寒冷的月宫之中，不如在月影下起舞。他终于从飘逸的幻境中回到了现实。不知不觉间，夜色渐渐深沉，而他仍然没有睡意。他想念苏辙，在这个团圆的中秋佳节，他们无法团聚，只能将思念寄托给眼前的明月。

月已圆，人却无法团圆。他自我安慰：人生难免会有悲欢离合，月也有阴晴圆缺，这是再普遍不过的现象。人生总会有些遗憾，不可能十全十美，所以他说"此事古难全"，又怎会事事如意、事事圆满呢？最后他心怀希望地写下"但愿人长久，千里共婵娟"。

既然分别在所难免，那就不必强求，只要大家身体健康，相隔千里又如何，依然能共享这片美好的月光，将彼此的心紧紧地联系在一起。

中秋过后不久，苏辙离开齐州返回京城，意味着兄弟二人离得更远了，至于将来会在哪里，无人知晓。对此，苏轼心里很不是滋味，思念再次涌上心头。

画堂春·寄子由

柳花飞处麦摇波，晚湖净，鉴新磨。小舟飞棹去如梭，齐唱采菱歌。

平野水云溶漾，小楼风日晴和。济南何在暮云多，归去奈愁何。

苏轼想起之前与苏辙同游陈州的情景。当时苏辙任陈州学官，苏轼调任杭州通判。苏轼路过陈州时，特意与苏辙相会，同游柳湖。柳是柳湖最大的特色，只见柳花纷飞，麦浪随风而起，如同荡开的金色波浪。风渐渐停了下来，湖水如同一面镜子，照亮了眼前人。

湖上小舟快速驶过，船上的茶菱女唱着动听的歌谣。当时的他们是多么惬意，多么愉悦。他真想回到那个时候，两人继续在柳湖漫步，欣赏湖中美景，直到天亮。但这终究只是回忆，再美好也会被现实冲淡。

　　短暂的相聚之后，便是长久的分离。在那平坦广阔的原野中，水天一色，远处碧波荡漾着离愁别绪。此时风和日丽，天气晴朗，但也难解思念之情。那"暮云多"正是阻隔他们相聚的现实，他们只能思念彼此，在岁月中盼望团聚之日。这时，他想要归去，却无法归去，不禁感叹：归去奈愁何。归去为何这般艰难！

　　他与苏辙曾经许下"风雨对床"的约定，却无法实现，痛苦与无奈侵袭着他的内心，使愁绪更加深重，无法排解。思愁归思愁，他还是要面对现实，未来的路还很长，只要心怀希望，总会有相聚之日，总会有实现约定的一天。

　　苏辙返京后不久，苏轼在密州的任期也满了。他盼望着返京与苏辙相聚，但是苏辙被调任为南京应天府签判，而他则被调任为徐州知州，两人的时间刚好错开。苏轼心中难免有些忧伤，幸好在前往徐州时，他在澶濮（今河南省濮阳市）与苏辙相遇，两人度过了一段短暂又快乐的时光。接着，苏辙离开徐州，前往南京。纵然有万般不舍，分别也在所难免，毕竟他们各有各的职责，各有各的家庭。离别是苦涩的，却会留下相聚的希望。

第五章 生死一念：

是处青山可埋骨

　　多年的游宦生涯让苏轼疲惫，但也让他找到了自己的精神财富。杭州期满，苏轼调任徐州。他在徐州抗洪有功，但仕途并没有因此而有所改善，他感到无言的孤寂。苏轼反对新政，在《山村五绝》中写尽了新政的弊端。言为心声，祸从口出，这些诗成为他人攻击苏轼的利器，令其身陷囹圄。

枣花落巾

　　年轻时为了追寻仕途，苏轼随父来到京城，高中进士后，四处辗转为官，在每一个地方只待两三年，就会被调走。多年的游宦生涯让他疲惫，但他也找到了自己的精神财富。他生性乐观、豁达，骨子里有天生的浪漫。

　　调任徐州时，他已经四十二岁了，生活仍无着落，只能带着一家老小四处飘零，纵然艰辛，但他一路游玩，欣赏着大自然的湖光山色，沉醉于美景之中。四处为官，却不影响他的功绩，苏轼在杭州、密州均取得了一些成绩，让当地百姓过上了安定富足的生活。

　　他渐渐明白，建功立业并不只有跻身高位，在地方做官，为老百姓实实在在地做一些事情，也是一种无上功业，亦不失士子精神。

　　宋熙宁十年（1077 年）四月，苏轼来到徐州担任知州。十月，黄淮地区的暴雨使澶州（今河南省濮阳市西）大堤决口，一场大水向徐州涌来，水势浩浩汤汤，顷刻间将徐州化为万里水乡。徐州城内人心惶惶，悲声连天。生活本来就很艰辛，如今遇大水，百姓的苦楚和绝望可想而知。

苏轼刚上任三个月，便面临着城毁人亡。面对一望无际的洪水，面对城市的内涝，他彻夜难眠，努力寻找解决之道。他团结徐州上下官员，一再上书朝廷，汇报徐州水患，希望朝廷帮助百姓减轻负担。他安抚民心，阻止富人逃离徐州，劝说他们留下来一起抗灾。

与此同时，他身先士卒，与徐州城百姓一起抗洪救灾。他在徐州城墙上建了一座小茅屋，住在洪灾的第一线。他这种不屈不挠的精神，深深感动了徐州百姓。

不过，仅靠百姓的力量，要战胜这场天灾十分困难。人手紧缺，物资不齐，苏轼仍然面临着很大的难题，为此他亲自前往徐州军营。知州只是文臣，无法调动禁军，禁军的指挥权在朝廷。

禁军首领见苏轼身为知州，亲力亲为参与救灾，决定帮助徐州百姓。他们在徐州城南抢修了一条大堤，将洪水阻隔在堤外，保住了徐州城。大雨停止后，苏轼又将大堤的洪水引入黄河故道。经过三个多月的努力，终于解除了徐州城水患。

第二年春天，徐州遭遇了一场前所未有的大旱，苏轼深深感受到百姓之苦，感受到生活之艰辛。为了徐州百姓，苏轼亲自到徐州城东二十里的石潭求雨。也许是上天动了恻隐之心，终于下了一场大雨，解除了徐州的灾情。

面对接踵而来的灾祸，苏轼没有被打垮，反而越挫越勇，用自己的智慧和诚意解除了一个又一个危机。无论是遭遇水患、旱情，还是蝗灾，他身为地方长官，从来都是亲力亲为、身先士卒，从而能团结一方百姓，建功立业。

求雨成功后，苏轼又带着徐州百姓来到石潭谢雨。此时的他已没有初来徐州时那般愁苦，他的内心十分愉悦，这一年来的种种变化让他颇为感慨，兴之所至，他一连写下五首谢雨词，以示喜悦之情。

浣溪沙·照日深红暖见鱼

照日深红暖见鱼，连村绿暗晚藏乌。黄童白叟聚睢盱。

麋鹿逢人虽未惯，猿猱闻鼓不须呼。归来说与采桑姑。

这是苏轼在谢雨途中见到的景物，有丽日、碧溪、游鱼、树木、黄童、白叟、麋鹿、猿猱，每一景成一句，巧妙地连成一幅动态的春景图。只见阳光落入潭水中，将潭水印得深红，鱼儿在潭中欢快地游动，恰如他内心的喜悦。灾情已解，他自是喜上眉梢。四周树林茂密，依稀可以听见躲藏的寒鸦发出聒噪的响声，似乎受到了惊扰。动静之间更显幽静，突显其心中的喜悦。

这时，路边聚集了儿童和老人，他们走出屋来，面露笑容，观看这场谢雨盛会。每个人的心情都是愉悦的，在大雨中感受着生命的活力。那些经常来潭边喝水的麋鹿，看到人群来往，都惊恐地逃开；那些猿猱却不惧怕，听到鼓声后，陆续来到这里，也跟着兴奋起来。

如此盛况是难得遇到的，大家都异常兴奋，一个个面带笑容，一幅其乐融融的画面跃然而出，令人动容。深闺里的姑娘们听到谢雨的人群的声音，也会挤到门外观看这一盛景。人人都不愿错过，都沉浸在喜悦之中。

浣溪沙·旋抹红妆看使君

旋抹红妆看使君，三三五五棘篱门。相排踏破蒨罗裙。

老幼扶携收麦社，乌鸢翔舞赛神村。道逢醉叟卧黄昏。

一个"旋"字道出了乡村姑娘的特色，她们没有过多点缀，只是稍稍打扮便聚集在门口，可见她们急切的心情。棘篱门前，聚集了前来观看的姑娘，互相拥挤着，伸长脖子往外张望。一个微小的细节足以体现整个盛大的场景，苏轼巧妙地选择那被踩破的罗裙，将现场的打闹声、尖叫声表现得十分出彩，令人仿佛身临其境，能听见她们欢喜的笑声，瞧见她们羞涩的笑脸。

谢雨是一场盛会，是普天同庆的大好日子，徐州城所有百姓都能感受到谢雨时的喜悦之情。

浣溪沙·麻叶层层苘叶光

麻叶层层苘叶光，谁家煮茧一村香。隔篱娇语络丝娘。

垂白杖藜抬醉眼，捋青捣麨软肌肠。问言豆叶几时黄。

苏轼的目光落在村外的麻叶上，只见麻叶一层又一层地铺排着，每一层麻叶都因为雨水的滋润而泛着光泽。虽然未写降过甘露，但是那层层密集的麻叶所泛出来的光亮，正是雨后的景象，可见雨露的到来让麻叶有了不一样的色彩。这时从村内飘来一阵清香，那是煮茧的味道，不禁让他有些好奇，是谁家正在煮茧？所谓"一村香"，写尽了香气，写尽了劳动的喜悦。他听见缫丝的女子在轻声交谈，看见白发苍苍的老翁正在四处询问豆子成熟的时机。

乡村人的恬静，老翁对农作物的期待，皆是天降甘露所带来的喜悦。老翁这一问，不仅表明了干旱对生活的影响，更饱含了降雨后人们对生活的期待。不知雨后新一轮的丰收还要多久，但是处处可见苏轼对百姓生活的关心，只有百姓丰衣足食，他才能心安。这是他入仕的愿望，也是他一直追求的使命。

浣溪沙·簌簌衣巾落枣花

簌簌衣巾落枣花，村南村北响缫车。牛衣古柳卖黄瓜。

酒困路长惟欲睡，日高人渴漫思茶。敲门试问野人家。

这是苏轼在谢雨时行走在乡间的所见所闻，眼前所见之物，无不意趣盎然，赋予了乡村淳厚的风味，朴实又清新，处处可见甘露降临后的喜悦之情。他走在小路上，被乡间的景色所吸引。微风吹来，衣襟随风飘起，只见枣花随风而落。眼前是全新的景象，是雨后大地复苏之景，是生命对甘露的渴望与获得后的喜悦之情。

这条路崎岖又坎坷，他不知走了多久，阵阵倦意袭来，原来酒意还未消去。这时，他感觉有什么东西落在了身上，回望时才发现，原来是那飘落的枣花。枣花落在身上的声音是轻柔的、细小的，令人难以察觉，但是苏轼天生敏锐，对环境有着独特的感知，能感受到声音背后的真切之情。

他听到村中的声响，那是纺车缫丝时发出的声音。当他继续往前走时，突然传来一阵吆喝声，原来是一个穿着牛衣的农民正坐在柳树下，面前摆着一堆黄瓜。经历过大旱的徐州，地里颗粒无收，那叫卖声正是降雨后丰收的象征。他未用一字写雨后的喜悦，却处处透露出欢乐的情调。欣欣向荣的乡村景色正是他心底最大的安慰。

为此，他不辞辛苦，只为百姓生活富足，安居乐业。突然，酒意上头，他十分困乏，而此时"日高人渴"，他想寻一口水喝，于是来到这座村庄。急于寻水的心理与他走入村庄的举动，正是他不拘小节的个性体现，他总是随遇而安。他担心因为地里繁忙，百姓家中无人。一个"试问"，贴切地表现了他的心情，那是自然而然流露出来的情感，那是平易近人的知州形象，也是一种与民同乐的欢愉。

一碗浓茶解渴，既能免去他身体上的疲惫，又能给他心灵上的安慰。看到百姓忙碌，地里有收成，他比谁都高兴。这场雨，带来了久违的喜悦。

浣溪沙·软草平莎过雨新

软草平莎过雨新，轻沙走马路无尘。何时收拾耦耕身。

日暖桑麻光似泼，风来蒿艾气如薰。使君元是此中人。

这是苏轼五首谢雨词的最后一首，亦是情义最深重的一首。久旱逢雨，心中自是无限喜悦。走在雨后的小道上，他的心情是欢乐的，因为那青草是柔软的，莎草是碧绿的，空气是清新的。雨水的到来，使野外的一切都富有了生命力。他用"软"字来形容"草"，用"轻"字来形容"沙"，那雨后清新的空气、无尘的马路，皆营造了一种舒适愉悦的心情。见到这样的情景，他的内心不免受到触动，发出感叹：不知何时，他才能抽出身来，归于乡田！

他对乡村生活的热爱已超过一切。因为仕途坎坷、政治失意，他感到十分疲惫。但是他的思想却是矛盾的，他渴望归隐，却又想为百姓做一些实事。正如他现在身在徐州，帮助徐州百姓抵抗水灾，求雨抗旱，这些意义非凡的事亦是他所渴求的。尽管不能成为朝廷重臣，在地方为官也能体现他的价值。

在春日照耀下，田间生机盎然，那闪亮的光辉，如同雨水落下后反射的光亮。这时，一阵暖风吹来，他闻到了蒿草和艾草的香味，顿时感到一阵舒坦。他好久没有闻到这样的味道了，这是乡间独有的味道，令他沉醉。他想起自己的身份，虽是知州，但他从来没有忘记自己的出身。正所谓"使君元是此中人"，道出了他"收拾耦耕身"的迫切心情。

这五首谢雨词是苏轼置身于田园，感受到乡间的种种美好而引发的内心深处的渴望。他渴望过上自由自在的恬静生活。所以，这既是谢雨，也是他内心追求的表达。

在徐州，苏轼与百姓共渡难关，一个爱民如子的知州，一个与民同乐的官员形象，长久地留存在徐州百姓的心中。徐州人亲切地称他为苏徐州，这是对他最好的肯定与称赞。

面对徐州百姓的热情，苏轼决心继续释放光和热，只愿天下没有贫穷，所有人都能过上丰衣足食的生活。这个迫切而又美好的愿望，是支撑他继续在仕途上前进的动力，在他疲惫时，一次又一次缓解他心灵上的伤痛。

夜宿感怀

世间总有些路，没有走过，便不知其坎坷和艰辛，有时候就算走过，也不见得能悟出什么。勤于思考、思维敏锐的人，才能在人生的道路上欣赏到不一样的风景。

苏轼在徐州抗洪有功，但他的仕途并没有因为这个政绩而有所改善，他仍然徘徊在权力核心之外，感到无言的孤寂。为此他只能寄情山水，在尘世的美景中纾解内心的苦闷。

这天，苏轼来到彭城的燕子楼。燕子楼是唐代著名将领张建封为其爱妾盼盼建的一座小楼。盼盼是一位能歌善舞的绝色佳人，张建封逝世后，盼盼念旧情未嫁他人，在燕子楼独居数十年。那天晚上，苏轼留宿燕子楼，梦见盼盼向自己走来，顿时被惊醒了。清醒后，他怅然若失，终于悟出：古今如梦，何曾梦觉。

永遇乐·彭城夜宿燕子楼

彭城夜宿燕子楼，梦盼盼，因作此词。

明月如霜，好风如水，清景无限。曲港跳鱼，圆荷泻露，寂寞无人见。紞如三鼓，铿然一叶，黯黯梦云惊断。夜茫茫、重寻无处，觉来小园行遍。

天涯倦客，山中归路，望断故园心眼。燕子楼空，佳人何在，空锁楼中燕。古今如梦，何曾梦觉，但有旧欢新怨。异时对、黄楼夜景，为余浩叹。

正是梦醒时分，夜深人静，苏轼顿感万分孤寂。梦中的情景历历在目，回想起来，总有难言的伤怀。他向外眺望，只见窗外明月如霜。突然吹来一阵清风，如水般清凉。他渐渐清醒，睡意全无，独自在楼上徘徊。只见弯弯曲曲的水池中，不断有鱼儿跃出水面，它们似乎也受清风的感染，想要获得一丝暖意。

圆圆的荷叶上凝结着露珠，清风吹过，轻轻地滑落下来，打在湖面上，发出清脆的声响。没想到还有这样美妙的夜景，只是夜深人静之时，谁又会特意来欣赏它？一句"寂寞无人见"自有深意，那"跳鱼"和"泻露"的景色每天晚上都有，只是无人欣赏。而他偶然来到此处，意外见到了这样的景色。

说是无心，却是有心。很多事情并不是巧合就能解释，相反正是一种机缘。若无机缘，便是出现在眼前也无法察觉。夜深人静之时，大自然仍展露着自己的本性，只是少有人见着罢了，不免显得孤寂了。这恰似他漂泊的孤寂。所谓日有所思，夜有所梦，梦中的情景正是他日夜期盼的情景，梦境与现实总是矛盾的，让人无法理清头绪。眼前的清幽和生趣，更显得人事无情。既是写梦境，又是写现实，现实的无奈让他难以释怀。

鱼跃出水面的声音、露珠滑落的声音、树叶落地的声音，固然是轻柔的，没有打扰他的清梦，但他却被三更时的鼓声所惊醒。原本构造的清幽之景顿时消散在这鼓声之中。他却说，是那阵轻音惊断了他的梦。既然是轻音，又如何能够惊醒梦中人？自然是周围太静了，以至于轻音成了铿锵之声。悠然的清梦被惊断，内心黯然。他想将梦中的情景寻回来，可眼前只有茫茫夜色，即使寻遍整个园子，也无法将那梦境找回。

夜色茫茫，他的内心也茫然。在外漂泊为官已有数年之久，他早已身心疲惫。"天涯倦客，山中归路，望断故园心眼"，正是他心中的渴望。他想念着隐在山中的归路，却无法归去，只能在心中、眼中望断故乡路。这思乡之切、思乡之深，不免让他感到无限惆怅和迷茫。"望断"一词写尽他对故乡的渴望。然而"燕去楼空"，盼盼已杳无踪影，化为历史的尘埃，只剩下这空荡荡的燕子楼，紧紧锁着轻轻呢喃的燕子。

万事万物都有生灭，又何必过于执着眼前事、眼前物？那虚无缥缈的未来，因为执念太深才显得无助和苍白，有多少人会从梦中醒来，又有多少人会明白万事皆成空的道理？他从梦中的情景联想到此时此刻的自己，盼盼的旧欢新怨与他的旧欢新怨又有何异，世间之事莫不如此。新的事物代替旧的事物，一切都会成为空梦一场，所以他才感叹"人生如梦"。

苏轼想从眼前的困境中解脱出来，却无法解脱。他终是厌倦了，这样的生活让他疲惫不堪、身心受损。世间的一切，无不是空梦一场。这是苏轼对人生的思考，对生命意义的思考，已超脱了纯粹的词人，上升到哲学的层次，以期找到精神上的慰藉。世间又有多少人懂得这个道理。

人生如一场梦，只有清醒的人才知其为梦，然而清醒的人却何其少。那些自以为醒来的人，并非真正醒着，而是仍然在梦中。所以庄子才会感叹：不知周之梦为蝴蝶与，蝴蝶之梦为周与。古往今来，莫不如。

苏轼仿佛是醒来了，感叹着梦中的情景。将来有一天，若有人登上黄楼，面对楼中夜景，会不会也为他长叹？黄楼是苏轼所建，位于黄河南岸的大堤上，是洪水退去的纪念。苏轼联想到后人登上黄楼的情景，定然与他现在一样，感叹历史的沧桑。

行香子·述怀

清夜无尘，月色如银。酒斟时、须满十分。浮名浮利，虚苦劳神。叹隙中驹，石中火，梦中身。

虽抱文章，开口谁亲。且陶陶、乐尽天真。几时归去，作个闲人。对一张琴，一壶酒，一溪云。

这是苏轼晚年的作品，写出了一种超然的生命姿态。那是一个孤寂的夜晚，夜色清新宜人，月光如水银般落下来。他能感受到生命之静，这里和尘世的喧嚣相比，完全是两个不同的世界。在这恬静的夜里，他独自对月饮酒，尽情享受着夜色之美。

苏轼饱受政治纷争之苦，一直漂泊不定，未曾有过片刻的安宁，所以，他此时的心情是苦闷的、惆怅的。他凝望着夜空，只见夜空深邃而又神秘，四周静寂无声，不禁思索起人生的意义来。他渴望在思想中找到解脱，找到心灵的归宿。

在不同的时期，苏轼的心境也有所不同，但"人生如梦"却贯穿一生。一切都如梦一场，最终都将化为尘埃，化为虚无，过于执着只会失去生活的意义，让自己更累。他感叹：浮名浮利，虚苦劳神。名利和功业都如天上的浮云一般变幻无常，一味地追求只会徒增伤悲。万事万物都有覆灭的一天，人的一生也不过是像"隙中驹、石中火、梦中身"那样转瞬即逝。

人生短暂，生命不易。这是永恒的哲学主题，每一次思考，都会有不同的感触。他回想自己这一生，虽然才学出众，但没有受到重用，再多的才华也无法施展。宋哲宗即位后，他倒是受过短暂的重用，但并未做出什么成绩，相反还受到小人的攻击，不得不再次从权位上退下来。所以，他想从仕途的困扰中走出来，找回生命的乐趣。他的方法便是"且陶陶、乐尽天真"，好好享受当下，而不是执着于虚无缥缈的未来。

在现实中寻找欢乐，在痛苦中自我解脱，正是他豪放乐观的人生态度，他并未因为仕途不顺而长久地忧伤下去。他把握当下，不去想过去与未来，感受到真实的快乐。但他更清楚，只有远离官场，回到田园中去，才能找回真正的快乐。不操心国事，不为政法而争执不休，闲暇时可弹琴吹唱，饮尽山间美酒。"几时归去，做个闲人"才是他内心所渴望的，但他渴望的是功成身退的归隐，而不是仕途不顺的逃避。

他并不厌恶人生，相反对人生充满了感恩。他总能在山水间找到快乐，所以他继续往前走，直到无路可走。

恨别东风

　　别离是痛苦的，每一次别离，心中的苦就会加深一分。苏轼一生中有着太多的离别苦愁。无论是凤翔、京城，还是杭州、密州，他都有极深的感情，他为这些地方付出过，也有过许多美好的回忆。

　　尤其是在徐州，苏轼奉献了毕生的才华。他与徐州百姓同甘共苦，将自己当作一个地道的徐州人，用最真挚的感情在徐州创下了千古伟业，给徐州留下了无穷无尽的财富。他注定要载入徐州的史册之中。

　　苏轼的文治武功，宋神宗都看在眼里，一心想要重用苏轼。此时已不是王安石所在时的那个朝廷，王安石因为新政革新承受着巨大的压力，加上天灾人祸，最终黯然离开京城。新臣对于苏轼的政绩十分眼红，所以当宋神宗想要调苏轼回京城时，他们都极力反对。宋神宗无奈，只好将苏轼调任湖州知州。

　　这次调任来得十分突然。按宋代官制，地方官员任期满三年才能升调，而苏轼担任徐州知州还不到两年。尽管苏轼心中疑惑重重，但朝廷的调令无法违背，他只好辞别徐州，前往湖州。

对于徐州，苏轼万分不舍。他留恋徐州的一山一水、一草一木。站在高楼上，凝望着万里江山，只见云烟缭绕，一片生机，他眼里充满了沧桑，流露出不舍之情。徐州的百姓更舍不得苏轼。这个与民同乐的太守让徐州焕然一新，使他们不会因为洪灾而流离失所，也不会因为旱灾而颗粒无收。

但苏轼的离开已成定局。启程那天，徐州百姓纷纷前来相送。此情此景，令苏轼感慨万分，有生之年能受此待遇，已是万分荣幸。随后，他辞别徐州的父老乡亲，踏上了前往湖州的旅程。

江城子·别徐州

天涯流落思无穷。既相逢，却匆匆。携手佳人，和泪折残红。为问东风馀几许，春纵在，与谁同？

隋堤三月水溶溶。背归鸿，去吴中。回首彭城，清泗与淮通。欲寄相思千点泪，流不到，楚江东。

这首词是苏轼在前往湖州途中所写，他内心的不舍与留恋，全在这离愁别绪之中。他外任为官多年，如同一叶浮萍，漂泊不定，自视为流落天涯之人。担任徐州知州仅两年时间，如今又要调往湖州，他的流落天涯之感更加强烈，不禁感慨"天涯流落思无穷"，愁绪无穷无尽。

他想起徐州的名士。他们才认识不久，连相逢的喜悦都还没有享受够，如今又要匆匆分别。世间最痛苦的事莫过于此，得而复失所带来的不仅是痛苦，还有无限的惆怅和哀怨。他永远不会忘记离开徐州时的那一幕。他手拉着佳人，道不尽离愁苦恨，只能采一朵暮春时的杏花以作别离。他早已泪眼蒙眬，可谁又能忍住眼中的泪珠呢。

　　或许东风还剩几缕，或许春意还在，可是离开徐州后，还有谁能与他一同欣赏眼前的美景？离愁、孤单、依恋跃然而出。他看到隋堤下的春水缓缓流淌着，于是将无尽的悲思注入春水之中，盼着这春水将它带回徐州。

　　天空中的鸿雁正飞回北方，而苏轼却与归鸿的方向相反，不禁自叹连归鸿都不如。他早已把徐州当作自己的故乡，不忍离开，却又不得不离开。他不停地回望着，旧地越来越远，只能看到清澈的泗水缓缓地向淮水流去。

　　触景生情，他想到了泗水流过的徐州。既然无法回到徐州，就让眼前的泗水带去他的相思泪吧，只可惜楚江东流，一切都是枉然。他联想到自己的身世，想到漂泊不定的人生苦旅，心中的愁苦更浓了。

　　随着年岁渐长，辗转不定的生活总让他怀着几分苦痛，然而，他还是努力地往前走，时不时地调整自己的心情，从痛苦中找到乐趣。

　　宋元丰二年（1079 年），苏轼在经过扬州时，特意来到平山堂凭吊恩师。平山堂是欧阳修担任扬州知州时所建，苏轼想起已故的恩师，心中不免惆怅。

西江月·平山堂

　　三过平山堂下，半生弹指声中。十年不见老仙翁，壁上龙蛇飞动。

　　欲吊文章太守，仍歌杨柳春风。休言万事转头空，未转头时是梦。

苏轼一生三次经过平山堂，第一次是离京任杭州通判时；第二次是由杭州调任密州知州时；现在他由徐州调至湖州，又来到平山堂。三次来到平山堂，也是他三次调任，三次辗转，心中不免感怀。

岁月匆匆，转眼半生已经过去了。"十年不见老仙翁"，既是他与欧阳修阔别十年，更是他对十年间辗转不定的人生感慨。当他凝视欧阳修留在平堂山墙上的墨迹，仍然能感受到曾经的气势，恰似"龙蛇飞动"，就好像恩师还在自己眼前一般。

读着欧阳修留下的词句，苏轼心中无限感慨。欧阳修已经过世八年，他只能"欲吊""仍歌"，感念其恩德。想当年，他初到京城，欧阳修的赏识和提携使他受到了朝廷的重视。在欧阳修不遗余力的帮助下，他才能有今日的成就。

欧阳修不仅仅是苏轼的恩师，更是志同道合的良友、人生的引路人，苏轼心中对他有着无限的尊敬。读着恩师当年写下的文章，望着恩师当年栽植的"欧公柳"，他只能感叹：休言万事转头空，未转头时皆梦。恩师仙去，一切皆已成空，但是那些活在世上的人，又何尝不是生活在梦中，到最后仍会归于虚空。

苏轼深受佛教文化的影响，对虚空有着深刻的思考。尽管他在政治上备受排挤，但是他心怀天下苍生，福泽一方百姓。那种悲天悯人的情怀深深地植根于他的心底。一切都将逝去，只能恨别东风，路还是要继续走下去。他的内心是如此沉重，却又是那样的通透明澈。

阴晴不定

　　风雨欲来之时，总是异常宁静。调任湖州的苏轼因生活颠沛流离而感慨人生，岁月在他脸上写满了沧桑，但强大的内心告诉他，要随遇而安，知足常乐。所以，尽管旅途艰苦，他依然保持着快乐的秉性，努力寻找人生的真谛，以此对抗不如意的现实。

　　事实上，无论他在哪里，都能找到属于自己的快乐。在凤翔，他初次体验与家人离别之苦，但是他广交朋友，寄情于山水之间，缓解了内心的孤寂。在杭州，他流连湖光山色，尽情体验自由自在的生活。到密州后，生活虽然艰苦，但他依然保持着快乐的本性，创造了生命的可能。来到徐州，他还来不及伤怀，便投身到一场又一场抗灾之中，忘记了自身的愁苦，沉浸在战胜天灾的喜悦之中。

　　每一种幸福都来之不易，所以苏轼十分珍惜，渴望抓住这些幸福，但无休止的调任又让他感到人生无常。他的内心充满了无奈，甚至怀疑人生是不是浮梦一场。既然人生如梦，最终归于虚空，那痛苦与快乐又有何分别？在漫长而又孤寂的旅程中，他似乎悟到了什么。

南歌子·寓意

雨暗初疑夜，风回便报晴。淡云斜照着山明，细草软沙溪路马蹄轻。

卯酒醒还困，仙村梦不成。蓝桥何处觅云英，只有多情流水伴人行。

这首词写尽了苏轼内心的哀伤，那是沉浮于仕途的无奈与辛酸。他热爱大自然的湖光山色，尤其是江南的鱼米水乡，那美丽怡人的景色总是让他无比陶醉。一路走来，他身心疲惫。只见夜雨连连，天色暗淡，尽管已是清晨，但天色仍然暗淡不明，让人以为还是在夜间。

"雨暗初疑夜"，既是苏轼对时间的疑惑，更是对仕途的疑惑。暗淡的不只是天空，还有他的仕途之路。他无法分清眼前的情境是好是坏，明明在徐州还有一年任期，却意外被调到湖州，他心里琢磨不透，感觉总有一些事压在胸口，挥之不去。

就在他胡思乱想之际，雨停了下来，一阵春风将连绵的阴云吹走，天空终于放晴了，终于可以看到久违的阳光。他渴望来一场春风，吹尽世间的污浊。抬眼望去，天空正飘过淡淡的云彩，朝霞挂在远处的山峰上。天色渐渐明亮起来，将远处的景色照得更加清晰。他看到丛生的小草、柔软的沙地、溪边的山路，还有轻捷的马蹄印，勾勒出一幅清丽的山水图。

此时正是清晨，几杯小酒下肚，他不禁有些醉，感到十分疲困。这种疲劳并不是因为赶路，而是因为寻找梦中的情景。尽管他走在蓝桥上，却怎么也找不着"云英"。"云英"是唐时裴铏在《裴航》中所讲的一则故事里的人物，是仙女之妹。正好照应了"梦不成"，是他内心求而不得的渴望。最终，"只有多情流水、伴人行"。在他眼中，路边的溪水也是有情的，正是它们陪伴着孤独的人一直走下去。

从缥缈的梦境回到现实后，他对着流水惆怅不已。梦始终是梦，终究有醒来的时候。醒来后，梦中的一切便化为虚无，再也无法抓住，只能在记忆中不停地回想。

苏轼似乎渐渐习惯了漂泊的生活，或许是因为他还有渴望，所以才显得如此孤寂。

舟中夜起

微风萧萧吹菰蒲，开门看雨月满湖，
舟人水鸟两同梦，大鱼惊窜如奔狐。
夜深人物不相管，我独形影相嬉娱。
暗潮生渚吊寒蚓，落月挂柳看悬蛛。
此生忽忽忧患里，清境过眼能须臾！
鸡鸣钟动百鸟散，船头击鼓还相呼。

那是一个美妙的夜晚，眼前的景色叩开了他的心扉。一阵微风轻轻吹来，湖中的菰蒲随风摇曳，发出沙沙的声响。正在舟中休息的苏轼以为湖面上下起了细雨，便想欣赏雨景，于是走到船头，打开舱门，却未见到渴望的雨景，只看到满湖的银光。月光铺满了整个湖面，水波兴起，波光粼粼。

此时，水鸟和船工都陆续进入梦乡，只有大鱼在水里游动时发出的声响，在空寂的夜里显得格外清晰。他将大鱼比作奔狐，正是将银月下的湖面比喻成草地，所以才有奔狐。这是暗含的、不露痕迹的雕饰。如此一来，如梦如幻，似真似假，不觉间增添了几分朦胧的美。

　　他十分喜欢美丽的夜景，置身其中，可以看到真实的自己，倾听内心的声音。他曾经有当世之志，但在二十多年的为官生涯中已产生了厌倦。他心怀坦荡，天性豁达，可官场处处钩心斗角，尔虞我诈。

　　这些年来，他早就心生倦意，想要辞官归隐，可他又积极入世，在官场中沉浮。每当心情烦闷时，他就让自己置身于美丽的湖光山色之中，寻找精神的慰藉。所以他说"夜深人物不相管，我独形影相嬉娱"，所有的人和物都已经进入梦乡，只有他站在船头，独自欣赏美丽的夜景，与他相伴的只有身后的影子。"我独形影"正是人生的孤独。

　　一阵风突然打在他身上，让他感到阵阵寒意，原来这美丽的夜景也寒意逼人。潮水在不知不觉中涨了上来，传来阵阵低咽的声音，与那蠕动的蚯蚓无异。明月西坠，悬挂在岸边的柳枝上，与那交织的蛛网无异。见此情景，他心生感叹："此生忽忽忧患里，清境过眼能须臾。"夜空看似安宁，顷刻间又大雨倾盆。

　　他盼望着能在湖州的山水中找到熟悉的味道。只是留给他的时间不多了，倘若一直漂泊下去，或许他会陷入忧愁之中无法自拔，毕竟一时的心境难以支持一生。对生命的思考，对人生的思考，必须要有一个落点。他必须经历一次生与死，才能彻底从这忧伤的情景中解脱出来。而这需要一些勇气，所以他的内心焦躁不安，全然没有先前的轻松和愉悦。

　　果然，该发生的事情终于发生了。刚到湖州上任的苏轼，就被关进了御史台，等待他的是长达四个月的生死煎熬。这是他无法逃避的灾难，亦是他人生的一次升华。

乌台诗案

世间最大的苦难莫过于生与死的煎熬，在生死之间徘徊不定，一念为生，一念为死，这种折磨是对心智的考验。经过这种考验后，对世间的一切也将看得更加通透。

历代帝王为了控制思想，对文人有诸多约束，但是宋朝却恰恰相反。自宋太祖开国以来，大力提倡文人治国，所以文人在宋朝的地位很高，拥有很大的自由，可以尽情发表自己的意见，每一任帝王都给士子足够的尊重，也从未兴起过文字狱。

但是，这样的情形在宋神宗即位后发生了变化。王安石推行新政，力图革新，朝廷上下充斥着两种声音，一种是支持，另一种是反对，最终形成了争论不休的党争。关乎自身利益，没有人会心慈手软。

苏轼丁忧回朝时恰逢新政推行，也是新旧党争最严重的一段时期。苏轼厌倦了这种争执，于是请求外任为官，再也没有回到京城。但他骨子里还是反对激进的革新方式，因为他在担任地方官时，看到了很多在京城看不到的情况，发现新政对百姓的不良影响十分巨大，他看在眼里，痛在心里。

在担任密州知州时，百姓的生活因为新政苦不堪言，苏轼甚至私自在密州废除新政，只为给百姓一个丰衣足食的未来。他从不掩饰自己对新政的不满，每当看到新政对百姓造成的伤害，他就情不自禁地将心中的怨气写入词中。

山村五绝

竹篱茅屋趁溪斜，春入山村处处花。
无象太平还有象，孤烟起处是人家？

烟雨蒙蒙鸡犬声，有声何处不安生！
但教黄犊无人佩，布谷何劳也劝耕？

老翁七十自腰镰，惭愧春山笋蕨甜。
岂是闻韶解忘味？迩来三月食无盐。

杖藜裹饭去匆匆，过眼青钱转手空。
赢得儿童语音好，一年强半在城中。

窃禄忘归我自羞，丰年底事汝忧愁？
不须更待飞鸢堕，方念平生马少游。

在这组《山村五绝》中，苏轼写尽了新政的弊端，以及对百姓疾苦的同情和焦虑，充分表现了他那颗纯粹的士子之心。山村的春光是优美的，可是山村的百姓却十分贫穷。放眼望去，整个村子在傍晚时只升起一道孤烟。他不禁想问，难道这就是"太平"？

推行新政是为了改善百姓的生活，而不是让他们忍饥挨饿，更不是让他们生活在水深火热之中。如果对百姓有百害而无一利，只是为了满足当政者的野心，那么这样的政策终究不可取。

百姓的生活越来越艰苦，一连几个月都吃不起盐。青苗法毁坏了农业，在本应丰收的时节却颗粒无收，年近七十的老翁只能去深山割笋填饥。农村里的老老小小都不再种田，纷纷跑进城里，四处借钱，然后又在城里享受，最终什么也没能剩下。田地无人耕种，渐渐荒芜，长满了杂草。苏轼的内心怎么能平静下来？百姓对生活的忧愁正是他的忧愁，可他无可奈何，只能吟几句诗，以解心中之苦。

他做梦也没有想到这些诗会成为别人的武器，成为一柄利刃，刺进他的胸膛。到湖州上任后，他给宋神宗写了一道《湖州谢上表》，讲述了自己在地方为官时所取得的政绩，亦是对宋神宗谢恩。可是他的话有些多了，将平时的一些牢骚也写了出来，如"陛下知其愚不适时，难以追陪新进；察其老不生事，或能牧养小民"。所谓"新进"，是苏轼对王安石推荐的人才的一种贬称。他说自己与"新进"相对，又说自己已经老了"不生事"，其实就是暗示"新进"的官员"生事"。

言为心声，祸从口出。苏轼反对新政，朝中人人皆知他与王安石的矛盾，他这一句牢骚话，成了御史台攻击他的理由。先有御史何正臣指责他在谢恩上表中讽刺朝政，说他"愚弄朝廷，妄自尊大"；后有监察御史台的行舒亶特意从他的诗里找到罪证，说他"包藏祸心，怨望其上，讪渎谩骂"。他们显然有备而来，要置苏轼于死地。宋神宗大怒，立即下令御史台严审苏轼，若查明属实，严惩不贷。就这样，苏轼被抓进了御史台，开始了长达四个月的牢狱之灾。

狱中寄子由二首

予以事系御史台狱，狱吏稍见侵，自度不能堪，死狱中，不得一别子由，故和二诗授狱卒梁成，以遗子由。

圣主如天万物春，小臣愚暗自亡身。
百年未满先偿债，十口无归更累人。
是处青山可埋骨，他年夜雨独伤神。
与君世世为兄弟，更结来生未了因。

柏台霜气夜凄凄，风动琅珰月向低。
梦绕云山心似鹿，魂惊汤火命如鸡。
眼中犀角真吾子，身后牛衣愧老妻。
百岁神游定何处，桐乡知葬浙江西。

身陷囹圄的苏轼渐渐意识到问题的严重性。御史台的审问越来越严厉，他饱受牢狱之苦，随时可能因为御史台的一道折子丢了性命。时间过了很久，宋神宗仍没有释放他的意思。他知道这道坎可能过不去了，眼下似乎只有死路一条。

在狱中，苏轼最想念的还是家人，这两首诗大有遗诗的味道。第一首是写给弟弟子由的，那浓浓的手足之情在他的笔下慢慢化开，他们生活在盛世，一同寒窗苦读，一同进京赶考，一同入仕为官，拥有太多美好的回忆。因为愚蠢将自己置于死地，如果死了也就罢了，可是家里还有数十口人，从此只能靠子由来养活了。这"十口无归更累人"更像是他的遗言，像是临终前对弟弟的嘱托。

死有何妨，他早已看透，所以才说"是处青山可埋骨"。到处都是青山，都可以埋葬他的骸骨，他并没有太多的要求，只是再也无法实现当年与子由许下的约定了，想起此事，不免感慨万分。为此，他只能寄托于来世，只盼来生还能做兄弟。

这种期望感人至深，有一股决然之味。受苏轼的牵连，苏辙的日子也过得颇为艰难，但是他毫无怨言，甚至将苏轼一家老小全部接到自己家中，以免他们流离失所。他一再上书宋神宗，愿意用一身官职来为苏轼赎罪，如果这样还不行，甚至愿意替兄受过，替兄去死。兄弟情深由此可见一斑，即便苏轼不做过多的交代，苏辙也会好好照顾他一家老小。

第二首诗则是写给妻儿的，其中既有对妻子王润之的思念，也有他自己内心的伤怀。他将身后事一一嘱托，"桐乡知葬浙江西"，这是他临终前的请求。每一个寒冷而又寂静的夜晚，他总是久久无法入睡，每当想到自己即将惨死在刽子手的屠刀之下，心中就充满惊骇。他已做好了赴死的准备，所以才写得如此凄然决绝。

他曾经和长子苏迈约定，如果他的大限将至，就送鱼过来给他吃，好让他心里有所准备。有一天，苏迈为了生计去到外地，于是委托一个朋友给苏轼送饭，那人听说苏轼喜欢吃鱼，就特意弄了一条鱼过来。苏轼一看，以为自己要被处死了，顿时黯然神伤。这一次可把他吓得不轻。

面对御史台的审问，苏轼毫无隐瞒，交代了自己对新政的讽刺。原本还心存疑惑的宋神宗，读到御史台审理的折子后，勃然大怒，真有杀了苏轼的冲动。御史台抓住机会，一再奏请处死苏轼。但是宋神宗举棋不定，因为太祖早有规定，除叛逆谋反之外，一律不杀士子。

身在狱中的苏轼并不知道，很多人都在积极营救他。时任宰相吴充替苏轼求情；身患重病的曹太后也出面为苏轼求情，"无须大赦天下，只需放了苏轼就行"。就连与苏轼政见不同的王安石也从金陵上书："岂有圣世而杀才士者乎？"更令苏轼意想不到的是，他口中的"新进"章惇也在想办法营救他。

反而之前很多与苏轼一起吟诗作赋、游山玩水的故交好友，在苏轼入狱时都生怕受到牵连，一句话也不敢说。由此可见，有些人虽然平时称兄道弟，却不是真正的朋友，真正的朋友会在危难时伸出援手。

杀还是不杀，成了宋神宗心中的一块大石。他一时做不了决定，于是安排心腹宦官到苏轼所在的牢房里，观察苏轼心里有没有鬼。对于突然来到牢中的犯人，苏轼并未在意，到了晚上倒头就睡，不一会儿便鼾声大起。

宦官回报后，宋神宗便知"苏轼胸中固无事也"，决定对苏轼从轻发落，赦免他的死罪，将他贬为黄州充团练副使，并限制其人身自由，未经允许不得离开黄州，且无签署公文的权力。受苏轼的牵连，驸马王诜被削去所有官职，王巩被发配西北，苏辙降职为筠州酒监，张方平、司马光、范镇等十八人均受到不同程度的处分。

苏轼走出御史台监狱时，正值大年初一，漫天的雪花将整个京城染成一片洁白。四个多月的牢狱之灾让他身形消瘦，衣袍早已破旧不堪，他站在雪地中，显得无比悲怆。他仰望天空，看着冬日里的那抹残阳，再次感受到生命的温暖。

第六章　青山难留：

事如春梦了无痕

　　乌台诗案是苏轼一生中经历过的最黑暗的事。离开御史台监狱，对苏轼而言无异于新生。出狱后，已过不惑之年的苏轼被押送至黄州，渡过了一生中最艰苦的日子。因仕途不顺，他只能在山水间寻找乐趣。苏轼在黄州遇到了生命中的另一个挚友马正卿，马正卿帮他盖了新房"东坡雪堂"。苏轼开始以"东坡居士"自称，过起了普通的农家生活。

虚名半生

　　乌台诗案是苏轼一生中经历过的最黑暗的事，他以为自己必死无疑，便在狱中写下悼诗，交代身后事。他清楚地认识到权力斗争是多么可怕，对朝廷更是心灰意冷。

　　他只是写出了自己的所见所闻，写的是新政的弊端，吟的是新政推行之后百姓的生活。只有深入民间，才能了解政策的好与坏。然而，这却成为阴谋家手中的武器，成为政治家手中的利刃。

　　离开御史台监狱对苏轼而言无异于新生。"平生文字为吾累，此去声名不厌低"是他重获自由的感叹，那种担惊受怕、日日夜夜的折磨，成为他如歌如泣的呼声。然而，出狱后的苏轼，还未与家人团聚，便被狱卒押送着赶往黄州。这是一段漫长又艰苦的旅程，但他在离开京城的那一刻终于松了一口气，总归是活下来了。

　　到了黄州后，苏轼的生活十分艰苦。他有官却无职，只能拿到最低的俸禄。当苏辙护送着家人来到黄州与他团聚时，他不禁热泪盈眶，然而一家人的生活却成为他心中最大的痛。每个月初，他便将领到的俸禄分成三十份，用绳子串起来，挂在屋梁上，每天取下一份，花完后绝不再取第二份。

初到黄州

自笑平生为口忙，老来事业转荒唐。
长江绕郭知鱼美；好竹连山觉笋香。
逐客不妨员外置，诗人例作水曹郎。
只惭无补丝毫事，尚费官家压酒囊。

带着牢骚的自嘲总是有一丝诙谐的趣味，想来他自己都觉得好笑，他这一生为了生计，想在仕途上有所作为，却因为心直口快遭遇大罪，真是太荒唐了！这是他对过去的自嘲和否定，虽然带着几分牢骚，却有一种平静豁达的处世态度。尽管他还未从乌台诗案的阴影中走出来，但是那些至少不会再影响他的生活和心境。

正月刚过，苏轼寄居在僧舍之中。黄州三面被长江环绕，他想到了江里的鱼味美；又见漫山遍野的竹林，想到了竹笋的味香。"长江绕郭知鱼美，好竹连山觉笋香"，是他对未来生活的憧憬，更是他自得其乐的豁达。无论生活多苦，人生多难，他总是乐在其中。他的内心足够强大，体会到人生的乐趣并不是停留在过去，而是在遥远的未来。用乐观豁达的心境来对抗生命中的苦难，收获的是一种人性上的体悟和升华。

苏轼在黄州不需要处理公事，却拿着公家的俸禄，这让他心生愧疚，感叹"只惭无补丝毫事，尚费官家压酒囊"。黄州充团练副使说白了就是一个闲差。苏轼骨子里还有着文人的骄傲和自负，但是宋神宗已经明令，除了黄州，他哪儿也去不了，只能乖乖待着。回顾半生，他发现自己竟为名利所累，最终只是虚名一场。

满庭芳·蜗角虚名

蜗角虚名，蝇头微利，算来着甚干忙。事皆前定，谁弱又谁强。且趁闲身未老，尽放我、些子疏狂。百年里，浑教是醉，三万六千场。

思量，能几许，忧愁风雨，一半相妨。又何须抵死，说短论长。幸对清风皓月，苔茵展、云幕高张。江南好，千钟美酒，一曲《满庭芳》。

自古以来，功名利禄驱使着无数人为之劳碌奔走。然而有的人寒窗苦读数十年，甚至花费一生心血，也可能换不来一刻安宁。站在权力的顶端笑看风云固然精彩，却容易忽略一生中最好的风景。

时光易逝，一去不回。年华不会因为谁而停留，总是如流水般匆匆流动着，将人们带向相同的归宿。一生为名利所累，想想真不值得，到最后还不是虚空一场。

那些微小的虚名与利益，有何等魅力吸引着人们为之忙碌？苏轼将其称之为"蜗角虚名、蝇头微利"。他随即感叹"算来著甚干忙"，这是一种自嘲，也指出了追逐名利背后的虚幻。

他以最好的成绩入仕，曾受到宋神宗的器重及当朝宰相的大力引荐，可到最后又如何？那争名夺利的党争和永不休止的争执，让他深受其害，但也使他悟出了一个道理，得与失皆有因果，并不是争取了就可以得到。拥有名利的人不一定就是强者，失去名利的人也不一定就是弱者。

世间的强弱并不是由名利得失来决定的，而是由人的心性来决定，心性自然、宏大，便足以对抗一切。这是老子的思想，即"夫唯不争，故无忧"。苏轼如今深刻体会到这个道理，他这一生追逐名利，实在是太累了。趁着自己还未老去，抛开一切束缚，放纵在山水之间，过一种逍遥自在的生活，就算只能活一百年，他也甘愿大醉三万六千场。他宁愿每天都生活在醉梦里，也不愿面对这苦涩的现实。

他明白名利得失不足以论成败，但心里仍然有难以释怀的悲愤。有时候道理简单，做起来却异常艰难。不问世事，自会远离祸端。乌台诗案那种生与死的反复煎熬，让他感到恐惧，不愿再次经历，只想好好珍惜当下的生活。

他回想以前的种种，发现一生中竟有一半的日子是在忧愁的风雨中度过。那"忧愁风雨"是仕途上的风风雨雨。他饱受党争之苦，抽身不得，逃离不得，因而心生忧愁。他明明已经远离朝堂，却还是为党争所累，差点死在牢狱之中。"又何须，抵死说短论长"，正是他内心的顿悟，以及对名利深入思考后的感慨。

他自解自嘲，仍然心有不平，只能抛却一切烦恼，寄生于"清风皓月"、无边无际的"苔茵"和张开的"云幕"，从此过上宁静悠远的生活，不必再为名利而苦恼。他想起曾经在江南的生活，有那么多美酒，还有闲情欣赏优美的《满庭芳》。由此，原来纠结的情绪突然变得豁达，只有从功利的世界中抽身出来，他才能感受到快乐，享受到人生的欢愉。

无论如何，乌台诗案已经过去。正所谓"大难不死，必有后福"，他终会找到自己的路，看到明媚的春光，等待他的将是无限的光明。

浮梦一场

回忆再美，终究是过去的事情，正如苏轼感叹"事如春梦了无痕"，人生不过是浮梦一场，回忆终究是无法抓住的。人们在感叹岁月匆匆、年华易逝时，容易陷入时间的怪圈之中，难以抽身，最终剩下无尽的忧伤。而苏轼的独特之处就在于，他能分清回忆和现实。追忆故乡时，他会感到忧愁，但不会陷入其中，而是把目光投向将来。

他始终相信，人生的不如意只是暂时的，未来一定是美好的。因为有这个信念，他总能在苦痛之中找到乐趣，以积极乐观的心态面对生活。哪怕被贬至黄州，居无定所，他依然用乐观来对抗人生的苦痛。他流连山水，在知州的照顾下，获得了足够的自由，可以做很多自己想做的事情。

浣溪沙·游蕲水清泉寺

游蕲水清泉寺。寺临兰溪，溪水西流。

山下兰芽短浸溪，松间沙路净无泥。萧萧暮雨子规啼。

谁道人生无再少，门前流水尚能西。休将白发唱黄鸡。

　　面对逆境需要强大的勇气，才能从逆境中感受到快乐。在贵州，苏轼充分思考人生的奥义，忧愁、哀伤、痛苦在他心中化为绵绵情思，融入山山水水之中。当时的他是落魄的，没有权势，没有地位，甚至是在别人的监视下生活。但这又能如何，人生只是一场梦，到头来一样归于虚空。

　　那天他去蕲水的清泉寺游玩，只见溪水缓缓地向西流淌，浸泡在山脚下的幼芽焕发出新生。一场大雨说来就来，将松林间的沙路冲洗干净，临近傍晚时，他还听见从松树林中传来的鸟叫声。眼前的景色令人陶醉，但是子规（杜鹃）的叫声那样哀伤，似乎在提醒他"不如归去"，前路茫茫，唯有归去才能心安。这份伤感正是乌台诗案带来的阴影。若换作旁人，或许会陷入无尽的愁思之中，但是苏轼却体会到不一样的哲思。

　　世人都道岁月匆匆一去不复返，因而哀春，迷恋过往，苏轼看到门前的溪水向西边流淌着，由此想到人生亦会如流水般有回流的可能，所以才会发出疑问：谁说人生不能回到年少时？这不仅是他的体悟，更是他内心的期盼。回到少年，意味着一切都有挽回的余地，意味着能重获自由。

　　子规的啼声是哀愁的，代表着他的处境。但他不为所动，自我鼓励，从门前西去的流水中感悟人生也有逆流的可能。在经历人生的大风大浪之后，他仍能感受生命的美好与可贵。自此，他不再感叹时光匆匆，而是尽情地欣赏眼前的景色。

　　来到黄州后，苏轼暂住临皋亭。临皋亭位于长江边，一眼便能望见浩浩汤汤的江水向东流去。在一个春夜，他倚靠在临皋亭的栏杆上，举目远望，眼中尽是美丽的江景，不免心中荡漾。

南乡子·春情

晚景落琼杯。照眼云山翠作堆。认得岷峨春雪浪，初来，万顷蒲萄涨渌醅。

春雨暗阳台。乱洒歌楼湿粉腮。一阵东风来卷地，吹回，落照江天一半开。

他在临皋亭上极目远望，望见一幅绝美的晚景图。傍晚的云彩掩映在湖光山色之间，夜色与山色交相辉映，最后都倒映在江水之中。这满江的春水都被染成了绿色，仿佛是一江绿水。"晚景"自有一番意味，但将长江比喻为精致的"琼杯"，足见他的大胆与夸张，营造了一种别开生面的景致。那碧绿的江面，让他想起了家乡的山水。他辨别出，这如美酒般的春水，是家乡的岷山和峨眉山的积雪所化，涌入浩荡的长江之中，又随着流水来到他的眼前。他的脑海里浮现的是家乡的山景，那万顷江水好像是未过滤的酒，让他感受到浓浓的乡情。

他已经有十多年没回过家乡了，心中的思念极为浓郁。这些年他漂泊在外，一心求取功名，渴望在仕途上有所作为，不料却遭遇大难，流离失所，生活在这荒凉的异乡。想到来黄州后，一家老小只能临时住在临皋亭，连一处寓所都没有，更何谈家？如此他的乡愁更重了，只能呆望着茫茫江水，盼着江水带来家乡的味道，让他感受到家乡的温暖。

愁思还未散去，一阵春雨突然落了下来。雨来得如此之急，如此之猛，让他来不及躲避。而他也不想躲避，仍然呆望着千里之外的家乡。他不愿回到现实，只想在回忆中体会难得的快乐。他的生活实在是太苦了，刚刚死里逃生，内心的阴影还未散去，又来到这荒凉之地，生活苦不堪言。他渴望寻求解脱之法，于是将视线落在江面上，在江中寻找内心深处的回忆。

那美好的过去定能冲淡心中的哀愁，让他感受到温暖。然而寒意逼人，他不得不收回思绪，极目眺望远方。这时一阵东风吹来，卷走了云雨，天空慢慢放晴，余晖渗过云层，一下子将天边染得通红。当他再望向江面时，竟是半红半绿的奇特景致。他被贬后的那种不自由和无所适从的感觉，那种浓浓的乡情，一并融化在这美景之中。

鹧鸪天·林断山明竹隐墙

林断山明竹隐墙，乱蝉衰草小池塘。翻空白鸟时时见，照水红蕖细细香。

村舍外，古城旁，杖藜徐步转斜阳。殷勤昨夜三更雨，又得浮生一日凉。

这首词写出了苏轼在黄州时的种种心情。因为仕途不顺，他只能在山水间寻找乐趣，对景色有了敏锐的感知力，一些看似平淡的景色，在他眼中也会衍生出别样的情致。

只见远处是葱郁的树林，高山隐约可见；眼前是茂密的翠竹，生长在夹墙角边，将墙围了起来，增添了一丝绿意。他的目光由远及近，最后落到他所居住的房舍里。在院落边，有一个小小的、早已干涸的池塘，里面长满了枯草。这时，阵阵蝉声传来，凌乱的叫声让人心烦意乱。

这些景色在他眼中杂乱不堪、了无生气，也是他当时的心情所致。他被迫过着隐居的生活，所有政绩都化为乌有，前路茫茫，不知归期；再加上经历生与死的煎熬，度过无数个漫长无助的黑夜，他的内心早已乌云密布。

有几只白色的小鸟从头顶飞过，不知要飞到哪里去，它们是那么的自由自在，整个天空任由它翱翔。满池的荷花散发出阵阵幽香，顿时让人精神一振。他说荷花是"细细香"，说明那扑来的荷香是淡淡的，有着一股清雅之气。

在乡村的田野上，他拄着杖藜在夕阳下独自徘徊。他的生活就是如此单调，索然无味，像是在打发时间，而不是那种自得其乐的隐士生活。

尽管昨天夜里下了一场微雨，让漂泊不定的人享受到一日的清凉，但是谁又能想起他这个被贬在黄州的词人。最终，他只能"又得浮生一日凉"。

这首词处处透露出一种萧索，一种无奈和沧桑。他只能在院子里徘徊，或独自漫步乡间，无所事事，孤独苦闷。他是政治斗争的牺牲品，只能得过且过，日复一日、年复一年地消磨时光；只能留意眼前的景色，以此获得一丝乐趣。

同时，他深刻感受到生命在流逝，人生像满池的荒草那样毫无生气。尽管他无所事事，但生活的压力从未减轻，朝廷的俸禄少得可怜，加上他喜欢饮酒，喜欢游山玩水，日子很快就难以为继，他必须另谋出路。一时间，生活的苦恼与内心的忧愁一并涌来，但他相信，天无绝人之路，无路可走时，就是柳暗花明。

东坡居士

就在苏轼为生活所迫、走投无路时，他遇到了生命中的另一个贵人——时任黄州通判的马正卿。他见苏轼被贬黄州，生活困难，便想办法帮助苏轼申请了一块荒地，还帮助他修建茅屋。所谓"锦上添花易，雪中送炭难"，更何况苏轼还是戴罪之身，马正卿不怕得罪新党，尽自己最大的努力帮助苏轼，使苏轼终于有了一个安居之所。

所谓天道酬勤，肯于劳动的人是不会饿死的，只有懒惰的人才会忍饥挨饿。苏轼住的居室叫"雪堂"，他便亲自写上"东坡雪堂"四个大字；他耕种的田地叫"东坡"，于是他自称"东坡居士"。自此，他过上了普通的农家生活，带着一家老小开垦荒地，种庄稼和树木，怡然自得。他有着诗人独有的天性，总是能从劳作中找到乐趣。他时而穿着芒履，行走在阡陌之中；时而月夜泛舟，流连于山水之间；时而外游痛饮，沉醉于浮生一乐。

在人生的旅程中，他表现出一种超然的人生态度和一种恬淡自得的生活状态。

西江月·顷在黄州

顷在黄州，春夜行蕲水中，过酒家，饮酒醉。乘月至一溪桥上，解鞍曲肱，醉卧少休。及觉已晓，乱山攒拥，流水锵然，疑非尘世也。书此语桥柱上。

照野弥弥浅浪，横空隐隐层霄。障泥未解玉骢骄，我欲醉眠芳草。

可惜一溪风月，莫教踏碎琼瑶。解鞍欹枕绿杨桥，杜宇一声春晓。

这首词是苏轼寄情山水的佳作，从中可以看出他那无拘无束的心境，以及物我两忘、超然于物外的人生境界。他将自己融入大自然的湖光山色之中，尽情享受着快乐而又恬适的生活。

那是一个春夜，他骑马走在蕲水边，经过一处酒家时忍不住喝了几口小酒，微醉迷蒙间，乘着月色来到溪边的小桥上。此时明月当空，月光落在河面上，十分迷人。清溪穿过辽阔的原野，满涨的春水汩汩地流向远方。

天空中飘着淡淡的云彩，引着他的目光一直到遥远的地方，仿佛他也能融进去。世俗的种种烦恼、仕途的种种不如意，均被他抛诸脑后，只留这潺潺的溪水、辽阔的原野和皎洁的明月，恍如仙境，让他不禁沉迷，还有什么能比得过这些？

马上就要渡水了，白色的骏马见到溪水，忽然兴致高涨，在溪边跃跃欲试。可是他却感觉酒意上来了，昏昏沉沉的，眼里一片迷蒙。于是，他在河边停下来，看到柔软的芳草，不禁想在上面睡上一觉。一句"我欲醉眠芳草",既是想解浓浓醉意,又是因眼前优美的景色而心生喜悦之情,更是他渴望融入大自然的心境。那"风月"大有洗去世间尘埃之意,因而他十分珍惜这美好的月色,不愿被尘世蒙住双眼。他又担心骏马会踏碎水中的月亮,会驱走温暖的春风。

他将骏马系好,解下马鞍来当作枕头,就那样依靠着它,斜卧在绿杨桥上,怀着无比美好的期待,进入了梦乡。那一定是个美好的梦。他睡得深沉、安稳,能与这美丽的月色融为一体,世间的一切烦恼都烟消云散了,他肆意享受着这份欢愉。

乌台诗案让他身心疲惫,如今置身荒野之中,枕着月色入睡,使他暂时忘记了世间的纷纷扰扰,再次感受生命的美好。正在梦中的他,突然听到了杜鹃的叫声,那声音如此清脆,如同美妙的音乐将他唤醒。他睁开眼,天已经亮了,眼前是温暖的阳光,是明媚的未来。

生活不应该停留在过去,而是应该把握当下,心怀希望,走向未来。他渴望在那东坡下把酒话桑麻,畅享自由自在的田园生活。没有官职在身使他更加轻松自在,不用担心太多,过好眼前的生活就行。

闲暇之余,他吟诗作赋,寄情于山水之间,这才是他想要的生活。他读到同僚好友章质夫的柳花词,甚为妙绝,一时兴致大起,依着章质夫的韵写了一首次韵杨花词。

水龙吟·次韵章质夫《杨花》词

似花还似非花,也无人惜从教坠。抛家傍路,思量却是,无情有思。萦损柔肠,困酣娇眼,欲开还闭。梦随风万里,寻郎去处,又还被,莺呼起。

不恨此花飞尽，恨西园、落红难缀。晓来雨过，遗踪何在，一池萍碎。春色三分，二分尘土，一分流水。细看来，不是杨花，点点是离人泪。

这首词别具意味，一句"似花还似非花"巧妙地把握住杨花的特征，为杨花贴上了独有的标签。说它"似花"，是因为与百花同开同落；说它"非花"，是因为它并不是一种花，色淡无香，生长在枝头，难以发现。它和百花一样，共同装点着春色，又送走春花；可它并不引人注目，只能独自飘零落在地上。

"无人惜"是杨花的尴尬处境。自古以来惜花的人很多，然而珍惜杨花的却没有几人，但是杨花仍然那样浓郁，不因无人欣赏而不坠落，也不因孤独飘零而不盛开，它总是独自在枝头，独自落下，释放精彩的一生。

它不会为谁盛开，亦不会为谁落下，此是天性使然。"抛家"似是它无情的选择，却是那样深情满满。"有思"正是它最深切的思念。苏轼在这里明写杨花，实际上写自己的境遇，给杨花赋予了人的情思。

苏轼心中的思乡之情从未停止，他的"抛家"是不得已而为之，和杨花一样。杨花离开枝头，离开养育它的柳枝时，心中纵然不舍，但它要将生命的种子传播下去，使生命走向无穷无尽的未来。他的视野并没有落在这里，而在更广阔的空间。

杨花的飘落和在外求取功名的学子何其相似，人生的旅程竟与杨花的旅程一致，都是为了生存而不得已飘零在外，那"似花还似非花"正好拥有了浪漫的意味，那正是人的情感、人的情思。苏轼不仅写活了杨花，而且借杨花道出了自己的心声。

他不恨杨花尽数飘落，只怨这满地落红的西园再难重缀。一场春雨过后，西园里落满了形形色色的花瓣，却再无杨花飘落之地，实在是令人怜惜。以落红陪衬杨花，更显杨花之可怜。他不禁想问，去何处寻找杨花？只怕杨花早已落入水池中，化为一池浮萍。"一池萍碎"，既是杨花的结局，又是杨花随风飞舞，雨打花落时身不由己的境地，更是他置身于尘世中的境遇。生活有时让人无法选择，只能继续往前。

最后他感叹：春色三分，二分尘土，一分流水。如果春色有三分，其中两分都变成了尘土，还有一分化入流水。苏轼将杨花的归宿与自己的归宿紧紧地联系在一起，既是叹杨花，更是叹自己，惜花伤春之情跃然纸上，表达了他对杨花的怜惜，以及对生命流逝的怜惜。当他凝望时，才发现那漫天飘舞的并不是杨花，而是离愁别绪，是晶莹的泪珠。原来他心中仍有愁绪和无限的哀伤。

乌台诗案在他心中留下的阴影不是一时半刻就能消除的，所以他寄情山水，足迹遍布整个黄州，借美妙的湖光山色来平复心情。

赤壁有着黄州最壮丽的景色，当他置身其中，很难不被感染。望着滚滚东逝的长江水，他不禁追忆起三国时期周瑜的无限风光，时光易逝，风光难再，又联想到自己功未成、名未就，一股淡淡的忧伤从长江水中泛了出来。

念奴娇·赤壁怀古

大江东去，浪淘尽，千古风流人物。故垒西边，人道是，三国周郎赤壁。乱石穿空，惊涛拍岸，卷起千堆雪。江山如画，一时多少豪杰。

遥想公瑾当年，小乔初嫁了，雄姿英发。羽扇纶巾，谈笑间，樯橹灰飞烟灭。故国神游，多情应笑我，早生华发。人生如梦，一尊还酹江月。

这首词是苏轼心中的浩瀚之气，一举改变了宋词的格局。与婉约词相比，它如奔腾的江水如大浪滔天，发出振聋发聩的声响，震撼着每个人的心灵。苏轼心中的怨愤之气，化作无尽的浪花，向岸边涌去，他昂首高歌，尽情抒发着肺腑之声。

他站在城墙上，望着浩浩汤汤的长江向东奔流而去，心中不免生起无限感慨。那些在历史上显赫一时的风流人物，最终都被时光的大浪淘尽，只留下千古美名。而他一时的荣辱，一时的失利和落魄又算得了什么？

面对长江水，苏轼感受到不一样的激情。在他心中掀起的浪花是无言的、澎湃的、辉煌的，让他意识到生命总是殊途同归，没有必要强求一时功名。

身处赤壁之中，他想起了三国时期著名的历史人物周瑜。当年在赤壁，周瑜以智慧重挫曹军。望着那陡峭入云的石壁，听着那惊涛拍岸的声音，他似乎看到了赤壁大战的情景，波澜壮阔，扣人心弦。

眼前的浪花好像卷起的千堆白雪。在这壮丽如画的江山之中，一时间不知涌现出多少英雄豪杰，他们应着浪花而起，顺着浪花而落，在历史的长河中展现壮丽的风采。当时的周瑜是何等的意气风发，小乔刚刚嫁给他，他豪气冲天，羽扇纶巾，谈笑之间，就将强敌的战船烧毁。

苏轼神游故国战场，似乎追随着周瑜，在谈笑之间便取得了胜利。那波澜壮阔的战争在他的笔下雄奇壮丽，"乱""穿""惊""拍""卷"等词语的运用，精妙独到地勾画了古战场的险要形势，愈发显示出周瑜过人的风采。那儒雅风流的气度，正是周瑜大智大

146

勇的体现。

　　赤壁之战发生时，周瑜只有三十四岁，而此时的苏轼已经四十七岁了。周瑜年轻有为，而自己却仕途坎坷，一事无成，所以苏轼才发出"多情应笑我，早生华发"的感叹，既是一种自嘲，亦是一种无奈。

　　如果换作旁人，陷入悲伤之中难以自拔，此词便落于下品，失去了应有的豪气。但苏轼不同，他早已参透世间荣辱，及时从悲伤的情绪中抽离出来，以豪迈之气来面对世间的种种哀愁。他不是不愁，只是这种愁是一时的，他把自己和周瑜放在整个历史之中，当年意气风发、功高盖世的周瑜如今不也被大江里的浪花淘尽了吗？他的功业不也随着滚滚江水流逝了吗？虽然他的功业无法与周瑜相比，但是没有人能逃离流逝的命运，最终还是归于黄土。这样看来，人与人之间并没有本质上的差异。

　　与其受人生所累，不如饮尽世间美酒，尽情享受眼前的江山明月。经历了岁月洗礼的苏轼不再像当年那样冲动了，他的思想愈发深刻。面对失意的人生，他仍能用豪迈的心境来对待。赤壁的波澜壮阔让他感受到人生的豁达，并让他留下了生命中最伟大的印记。

　　从《念奴娇·赤壁怀古》到《前赤壁赋》《后赤壁赋》，苏轼更加从容坦然，无论生活有多苦，多艰难，他都将勇往直前，向明媚的未来走去。这种豁达的心境使他拥有了与众不同的魅力。他要做开怀畅饮的"东坡居士"，用"一尊还酹江月"的心境来迎接每一天。

笑看风云

因为乌台诗案，苏轼痛苦过，茫然过，甚至在很长一段时间里不敢写诗填词，生怕一不小心重蹈覆辙。这样的阴影一直困扰着他，让他无法释怀。

要重新燃起生活的希望，需要巨大的勇气。苏轼做到了，黄州的生活虽然没有自由，却有着从前没有的惬意。在东坡一隅，他自得其乐，亲自耕种，丰衣足食。这样的生活正是他所渴望的，渐渐地，他心中的忧愁越来越淡，对未来再次燃起了希望。

被贬到黄州的第三年，苏轼和朋友外出春游，走在沙湖道上，欣赏春天的美景，突然下起了大雨。拿雨具的仆人提前离开了，他们没有伞，也没有可以躲雨的地方，全被淋湿了，十分狼狈。同行的人都觉得太倒霉了，要是让仆人留在这里，就不会被雨淋了。人生就是这样，处处充满了意外，看似美好的事物也会有坏的一面。不幸时，如果觉得自己是全天下最倒霉的人，心态崩坏，生活就不可能好起来，若能泰然处之，往往会有预想不到的收获。要知道，抱怨不能解决问题，只会让问题越来越糟。

经历了种种不如意后，苏轼的内心已经变得非常强大，眼前的这场雨对他来说算不了什么。所以，当朋友们心情不畅地抱怨大雨时，他反而惬意地走在雨中，感受不一样的情趣。他知道雨不可能一直下着，天总有放晴的时候。果然，没过多久，天就晴了。风雨说来就来，说走就走。不好的事情纵然令人心烦意乱，但好的事情很快就会到来。危难与挫折就像眼前的风雨，随时都有可能出现，但风雨再大，终究会过去，迎来新的阳光。

定风波·莫听穿林打叶声

三月七日，沙湖道中遇雨，雨具先去，同行皆狼狈，余独不觉。已而遂晴，故作此词。

莫听穿林打叶声，何妨吟啸且徐行。竹杖芒鞋轻胜马，谁怕？一蓑烟雨任平生。

料峭春风吹酒醒，微冷，山头斜照却相迎。回首向来萧瑟处，归去，也无风雨也无晴。

身处风雨之中，苏轼依然淡然。他说"莫听穿林打叶声，何妨吟啸且徐行"，不要在意那些打在竹林叶上的雨声，不妨像平常那样哼着小曲，悠闲地走在雨中。这一句既写出了雨势之迅猛，又写出了他面对风雨时泰然自若的心境。他穿着草鞋，拿着竹杖，顶着风雨，从容地走在沙湖道上。

一句"谁怕"，传递了一种乐观向上的心态，一种与风雨搏斗的豪迈之情。他不惧眼前的风风雨雨，不怕世间的重重困难，坚持初心，始终如一，保持着最好的状态。所以，他穿着一身蓑衣行走在大雨中，任凭风吹雨打，也不为之皱眉，依然过着自己的日子，依然朝着心中的目标前进。

他的目光没有停留在眼前的风雨上，而是将这风雨推至整个人生。这是他一生的精神体验，那种面对人生风雨依然保持乐观的心性，再大的坎坷也无法阻止他前行的脚步。

这时，一阵春风吹来，他感到阵阵凉意，酒意渐醒，抬眼望向山头，只见初晴时的斜阳正迎向他的目光。原来天空已经放晴了。自然界的风风雨雨十分平常，又何必介怀？回头再望一眼那走来的地方，才意识到该回去了，人生既无风雨也无晴。这里的"风雨"既是眼前遇到的狂风暴雨，又是仕途中的风风雨雨。

风雨过后再回望时，才会发现曾经的坎坷都不算什么，只是人生的一种磨砺。风雨会过去，艰难困苦也有尽时。然而，当人身处危难之中，很难看到风雨过后的美好，正如"身在此山中""不识庐山真面目"一样。一切皆因当局者迷，旁观者清。

题西林壁

横看成岭侧成峰，远近高低各不同。
不识庐山真面目，只缘身在此山中。

这首诗不仅歌咏了庐山的奇伟壮观之景，更是苏轼以哲学的眼光看待人生的一种感悟。庐山究竟是什么样子？从正面看是高耸入云的山岭，从侧面则是连绵起伏的山峰。要是从远处看，从近处看，或是从高处看、低处看，庐山的样子又不相同了。

人所处的位置不同，看到的景色也不相同，自然也会得出不同的结论。这时要懂得变换思路，换一个角度或许就能找到问题的答案。他想到自己之所以看不清庐山的真正面目，是因为他现在就在庐山之中，视野所及，看到的景色始终有限，无论怎样都只能看到庐山的一面，无法窥见其全貌。

理性的认识让苏轼在欣赏风景时产生了独特的思考，不再只是欣赏，而是通过风景来思考人生。这正是苏轼的过人之处。这种"不识庐山真面目，只缘身在此山中"的感悟生发了无穷无尽的智慧。对于同一件事，不同的人有不同的看法，甚至同一个人不同时期的看法也不尽相同，这是因为认识的局限性导致无法看到事情的真相。所以，要站在更高更远的地方来看待问题，摆脱"身在此山中"的局限。

这种认识是深刻的，带着深厚的哲学思维。如果看不透世间风雨，深陷其中，最终只会受尽苦楚。只有置身风雨之外，才能看到不一样的景色，就不难发现风雨只是暂时的，终会留下美丽的彩虹。

苏轼经历过人生的大起大落，经历过生与死的考验，终于大彻大悟，体会到"人生如梦"的真义：不因生活的苦楚而丧失自我。他内心的火焰仍未熄灭。

沧海余生

被贬黄州的苏轼是孤独的，突如其来的牢狱之灾让他变得更加敏感，很多话他都不敢说，因为已经连累了很多人，自然不希望再一次遭遇。他独自待在黄州，连书信也很少写。就算他寄出书信，谁又会理会一个罪之人，书信不过是石沉大海罢了。但是，他仍然努力寻找让自己快乐的方式，他内心澎湃的激情化为高昂的声音在笔下呈现出来，如巨浪滔天、惊涛骇浪，又如狂风暴雨，震开了一个崭新的时代。他从未想过自己会是一个开拓者，开启了宋词全新的格调大门。

尽管生命给予他无尽的黑暗，但他仍然要在黑暗和孤独中创造奇迹。他将自己置身于更广阔的天地之中，看到的是整个人类历史上的风流人物所掀起的浪花。

自此，他的文风不再局限于单纯的抒情，而是将自己的处世哲学融入诗词之中，进而赋予诗词独特的味道。他无时无刻不在思考。因为孤独，他的内心十分平静，思维更加活跃，从景色中体会到完全不同的风情。虽然生活是苦涩的，但他却是自足的。他用实际行动证明，世间有风雨，但也有彩虹。

卜算子·黄州定慧院寓居作

缺月挂疏桐，漏断人初静。谁见幽人独往来，缥缈孤鸿影。
惊起却回头，有恨无人省。拣尽寒枝不肯栖，寂寞沙洲冷。

这是一个孤独的夜晚。苏轼看到一弯明月挂在天空，稀疏的梧桐树上闪着丝丝寒光，不禁觉得寒意逼人。正值夜深人静，万物都进入了梦乡，只有他在庭院里闲庭信步，独自欣赏着夜色。他的内心与这沉寂的夜色一样静寂，一样孤独。

不知不觉间，漏壶里的水已经滴完了，苏轼这才意识到自己在庭院里待了许久，但是他仍不愿回屋，只想在这沉寂的夜里多待一会儿。时光如流水，悄无声息地流逝着。他就是这样孤高，只想做好自己，活出真实的人生。

沉浸在茫茫夜色中，他不禁心生疑问：有谁会像他这般孤独地在月光下徘徊？恐怕没有了吧，这世间也只有他会如此，仿佛一只孤独的大雁从凄清的天空中飞过，什么都没有留下，只有一道渐渐散去的空影。"幽人"是孤高的心境，"孤鸿"显得超凡脱俗。的确，此时的他是孤独的，却是那样的独一无二，他不愿随波逐流，只想保持本色。

黑夜中的孤鸿不知受到什么惊吓，猛地飞了起来，高飞时，它不停地回头张望，总有些东西让它留恋，但是飞离枝头的它只能孤独地面对茫茫黑夜。它的眼中满是幽恨，没有人能理解它内心的孤独。每次回想过往，苏轼的内心就无法平静。世间无人能够理解他，这使他的孤独感更加深重了。

孤鸿不断地在寒枝间穿梭，始终不肯停在任何一棵树上，最后只能降落在清冷的沙洲上，独自度过这个寒冷的夜晚。而让人感到寒冷的，不只有寒枝和沙洲，还有那深不可测的人心。他就是那只"孤鸿"，虽然被贬到黄州，生活清苦，但他仍能自娱自乐，处境再艰难也不会妥协。总有一些东西需要坚持，总有一些事情需要认清。这些年来，他虽然感受到无尽的孤独，但也明白了许多道理。正因为如此，那"孤鸿"有了更深的意蕴。难怪清代学者黄苏在《蓼园词选》中评价：语语双关，格奇而语隽，斯为超诣神品。可见其境界之高，无半分俗气，大有不食人间烟火之意味。

在黄州的生活是孤独的，为了寻找精神上的寄托，苏轼开始手抄《金刚经》，试图从佛中悟出真谛。同时，筑南堂，开垦东坡，生活的乐趣让他渐渐忘了曾经的苦楚。

无疑，苏轼是不幸的，毕竟遭遇了人生的大风大浪。然而他又是幸运的，无论遇见什么样的大风大浪，他总算能停下来好好休息了。他可以四处游玩，与周围的渔樵相处，从他们身上感受别样的乐趣。他结交新友，共赏美景，同饮同唱。

潘丙、郭遘便是他在黄州结识的至交好友。宋元丰三年（1080年）正月十二日，苏轼到岐亭造访陈慥，潘丙和郭遘相送至女王城，他写了一首七律。转眼间一年过去了，又到正月二十日，他突然想起当时三人结伴出城的情景，不禁兴致大发，和着前韵又作了一首诗。

正月二十日与潘、郭二生出郊寻春，
忽记去年是日同至女王城作诗，乃和前韵

东风未肯入东门，走马还寻去岁村。

人似秋鸿来有信，事如春梦了无痕。

江城白酒三杯酽，野老苍颜一笑温。

已约年年为此会，故人不用赋招魂。

此时春意正浓，东风还不肯吹进东门，他和潘丙、郭遘一同出城游玩。他们骑着马，寻找去年游玩的村落。一路走来，他看到满地的春色，想起去年来这里时走过的路，不禁感叹："人似秋鸿有来信，事如春梦了无痕。"

人生就像是秋天的飞鸿，南来北往时总会留下一些踪迹。可是心中的往事，却像春天的一场梦，醒来后什么也不会留下。世间的一切都在变化着，眼前所见的景色，来年不一定会重现。那些人走过的足迹最终将淹没在荒草之中。人的思绪复杂，难以琢磨。往事如烟，风一吹就会散去，最终只会"了无痕"。经历过乌台诗案的痛苦和折磨后，他只有将所有的往事和烦恼留在过去，才能消除失意的苦楚。

他的进取之心、政治抱负渐渐淡去，豁达乐观的心境呼之欲出。他寄情山水，出城寻春，感受郊外的浓浓春意，心情也跟着好了起来。

他们在江城边的酒馆里饮酒，感受着淳朴的民风，迎接着笑容满面的老人。他已经和这里的朋友约好，每年春天都要来这里赏春。

黄州的山水改变着苏轼，让他的内心渐渐平静。他愿意将余生寄托在江海之中，尽情享受眼前的欢乐。

临江仙·夜归临皋

夜饮东坡醒复醉，归来仿佛三更。家童鼻息已雷鸣。敲门都不应，倚杖听江声。

长恨此身非我有，何时忘却营营。夜阑风静縠纹平。小舟从此逝，江海寄余生。

当然，性情旷达的苏轼难免也有伤感之时。他寄居黄州，生活在东坡之下，想要避开世间的纷纷扰扰。这种出世的生活让他感受到无拘无束的欢乐，然而内心的渴望并没有完全消除，总会闪现在脑海中，让他感到阵阵忧伤。

苏轼明明已经离开了朝廷，心中却仍有渴望。或许是心有不甘，或许是壮志难酬的苦楚，他注定无法像陶渊明那样生活在藩篱下，享受人间至乐。那些为他奔走的故友，也渴望帮助他改变现状，他们的努力让他感到了温暖，看到了希望。

那是一个春夜，他在东坡宴饮，醉了复醒，醒了再饮，饮了又醉，回到临皋寓所时已是三更。"仿佛"正是他醉眼蒙胧的神态，道不清时间，只能感觉，所以是"仿佛"。

这时，童仆早已入睡，他能听到那震耳欲聋的鼾声。当他轻轻地敲门时，全然没有回应，想必睡得太沉，没有听到敲门声。他不忍打扰童仆的清梦，于是倚着手杖静静地伫立在江边，听那江水奔流的声音。他这样潇洒旷达地站在那里，恍如出尘脱世的仙人。他醉酒，醒来又是心事重重，脸上写满宦海的沧桑。望着奔流不息的江水，他想起过往，不禁有些愤恨。曾经在朝为官，看似风光无限，但是那时他却是不自由的。

不知何时他才可以忘记功名利禄，尽情地享受眼前的风景。这是他内心的困惑与忧伤，是他对人生的思考，那种毫无希望而又无处安身的孤独感让他发出深沉的叹息。眼前的江水，到海不复回，而他的人生却难以如此。他渴望从这种状态中解脱出来，却又无法解脱，因而更显无奈。

命运是如此难以把握，既然如此，又何必那么执着，不如好好欣赏这江中美景，不如趁着夜深人静之时，驾起小船，从此泛游江上，度过余生。良辰美景，水波不兴，正是出行的最佳时机，从此不再被世俗的纷扰所累，而与江海融为一体。尽管不现实，却道出了他内心的声音。他渴望过上安宁的生活，想要融入无限的大自然之中。精神的自由是他从未停止的追求，也是他在人生逆境中的一种本能反抗。

　　乌台诗案之后，他无法再像从前那样积极入世。他看到了政治的可怕、人心的险恶，他一心为民，却落得如此下场。他将希望寄托在江海之中，渴望过上无拘无束的生活。但他的人生却不是自由的，除了待在黄州，他哪儿也去不了。理想与现实的冲突让他幡然醒悟，世间之事莫不归于黄土，何必执着于此，不如枕着夜色，在静谧的江边沉沉睡去。

归去来兮

　　苦难能磨砺人的意志，让人变得更加成熟。经历了乌台诗案的苏轼收敛起了原本的"洒脱不羁"，将目光投在山水之间，将那些与自身的命运联系起来，成了一代大家。黄州的山山水水带给了他无数的灵感，使他的词作上升到哲学的高度，不再只是吟咏名胜古迹，而是透着一种智慧的哲思。

　　在被贬到黄州五年后，苏轼终于迎来了人生的转机。宋元丰七年（1084 年）三月，宋神宗下诏将苏轼调任汝州团练副使，虽然仍不能签署公文，但是离京城却非常近。宋神宗为何突然改变主意？这与苏轼病逝的"噩耗"有关。原来，苏轼突然患上眼疾，一连几个月都没有离开家门。大家许久不见喜欢玩乐的苏轼，纷纷传言他已经病逝。此事传到宋神宗耳中，宋神宗正因新政不利而心烦意乱，闻此噩耗震惊不已，连呼"难得再有此等人才"。后来证实苏轼病逝只是一个流言，宋神宗便有了起用他的想法。

　　新政推行了整整十六年，效果并不理想，宋神宗饱受朝野内外的压力，其用人思想也悄悄地发生了改变，想启用一些旧党人士。

司马光在旧党中地位较高，如果起用他，定然会受到非议，最后宋神宗的目光落在了苏轼身上，于是亲下手诏：苏轼黜居思咎，阅历滋深，人才难得，不忍终弃。他将苏轼安置在汝州的用意再明显不过，即随时准备重用苏轼。

尽管仍旧只是团练副使，但这是一个积极的信号。对此，苏轼的内心是喜悦的，当然，对于生活了近五年的黄州，他也十分不舍。这里是他最失意时的居所，在他落魄时给了他活下去的希望。同时，这里还有很多知交好友，这次离开后，不知何日才能再见。朋友们纷纷前来向他道别，他一时涌起无限感慨。

满庭芳·归去来兮

元丰七年四月一日，余将去黄移汝，留别雪堂邻里二三君子。会李仲览自江东来别，遂书以遗之。

归去来兮，吾归何处，万里家在岷峨。百年强半，来日苦无多。坐见黄州再闰，儿童尽楚语吴歌。山中友，鸡豚社酒，相劝老东坡。

云何，当此去，人生底事，来往如梭？待闲看秋风，洛水清波。好在堂前细柳，应念我、莫剪柔柯。仍传语，江南父老，时与晒渔蓑。

即将离开黄州，苏轼的内心是复杂的，他西望蜀地，发出了疑问：归去啊，他将归向哪里？朝廷将他调至汝州的用意，他自然明白。在黄州的这几年，他无时无刻不在盼望宋神宗回心转意。可是，当朝廷真的将他调走时，他又有些不舍。他渴望像陶渊明那样归隐故乡，他对眉山的思念从未停止。但是调任汝州是他不可违抗的命令。他现在仍是戴罪之身，没有选择的余地，所以，当他高唱"归去来兮"时其实是无奈的，故而流露出欲归不得的惆怅之情。

时光匆匆，想到自己已经年近五十，剩下的日子也没多少了，不知是否还有机会回到故乡，他的思乡之情就更重了。满心的愁思让他不能自抑，只能望向西边的蜀地。

他在黄州生活了四年有余。"儿童尽楚语吴歌"，既说明他在黄州待的时间之长，又说明他早已融入黄州的日常生活之中，与黄州父老乡亲建立了深厚的情谊。当初他来黄州，实则是一种流放，但黄州人并未将他视为囚徒，上至知州，下至百姓，给了他许多帮助，使他重新振作起来。在这个流放之地，他体会到以往不曾有过的快乐和幸福。人身的不自由，却让他的心灵更加自由。他牵挂这里的山山水水，难舍这里的男女老幼，连他自己也不知道，为何会有这么多的依恋。

山中的好友得知他要离开，立即前来相送，可都劝他留在黄州。面对这片深情，他还能说些什么？人生不就是这样四处奔波，不就是这样随波逐流吗？朝廷让他去汝州，他就只能去汝州，还能有什么选择。

他也想留在这里，继续在东坡下饮酒作乐，欣赏黄州的山山水水，可他毕竟是个"罪人"，必须服从朝廷的安排。既然必须离开，又何必过于介怀。他想到自己即将去汝州，盼望闲暇之时，能坐看"洛水清波"。这种闲情逸致渐渐取代了他内心的离愁。最后，他向黄州的父老乡亲辞别，嘱咐他们不要折了屋前的细柳，记得帮他晒渔蓑，总有一天，他还会回到这里。

很快，苏轼带着一家人北上汝州，经过泗州时，他与刘倩叔同游南山，被南山的风情吸引，于是提笔写下《浣溪沙·细雨斜风作晓寒》。

浣溪沙·细雨斜风作晓寒

元丰七年十二月二十四日，从泗州刘倩叔游南山

细雨斜风作小寒，淡烟疏柳媚晴滩。入淮清洛渐漫漫。
雪沫乳花浮午盏，蓼茸蒿笋试春盘。人间有味是清欢。

冬天的早晨，落下了一阵细雨，轻风吹过，令人感到阵阵寒意。这首词写于十二月二十四日，正值深冬时节，此时的风应该十分寒冷，但苏轼却用"作晓寒"表现出一种毫不在乎的姿态，显然是被眼前的景色所吸引，以至于寒风吹来也不觉得冷。

只见淡淡的烟雾渐渐散开，滩边那片稀疏的杨柳，在初晴后的阳光下显得更加娇媚。他的心情顿时大好，其喜悦的心声通过"媚"字传递出来。

"入淮清洛渐漫漫"，"清洛"即"洛涧"，发源于合肥，北流至怀远合于淮水，离泗州（宋治在临淮）不近，非目力所及。苏轼只是由眼前的淮水想到了位于淮水上游的洛涧，那里的水是碧绿的、清澈的，可汇入淮水之后就变得一片苍茫，仿佛没有边际。

接下来，他写到与刘倩叔一起野餐的情景。一杯乳白色的好茶，一盘新鲜的春蔬，足以表现他内心的喜悦和欢畅。这种无拘无束的生活正是他所向往的，因而他感叹："人间有味是清欢。"人世间最美好的味道还是那清淡的欢愉，这顿时显露出他内心的高雅之情与热爱生活的进取精神。

面对美好的景色，他是喜悦的，内心的欢愉从词意中溢了出来，处处洋溢着春天的气息。此时的他已清楚，自己将被宋神宗起用，他盼望多年的时刻终于要到来了。

如梦令·水垢何曾相受

水垢何曾相受，细看两俱无有。寄语揩背人，尽日劳君挥肘。轻手，轻手，居士本来无垢。

这首词表明了苏轼当时的心境。在他眼中，水和污垢从来都不会共存，细细看来，两者都有，又好像两者都没有。他想要擦去身上的污垢，可是帮他擦背的人却出手太重，他只好说，他身上从来都没有什么污垢，不必如此用力。一句"居士本来无垢"正是他问心无愧的表现，他强调自己是干净的，身上没有什么污垢。这里表面上写的是洗浴，实际写的是他自身的处境。他受朝廷排挤，受到不公正的待遇，心怀冤屈。如今，宋神宗可能再次起用他，说明他本来就是干净的，并没有什么污垢。

然而世事无常，悲伤在他去汝州的路上便已袭来。黄州离汝州有千里之遥，经过一路跋涉，舟车劳顿，苏轼的幼子苏遁不幸在旅途中夭折。他为此伤心欲绝，泪如雨下，顿时感到人生的疲惫，离别的痛苦。老年丧子，如一根刺深深地扎入他的内心。汝州还很远，放眼望去，只有望不尽的云烟，望不断的天涯路。况且，身上的盘缠已然用尽，再也没有办法前行。于是，他上书朝廷，请求暂时不去汝州，先到常州安定下来。

宋神宗同意了。苏轼举家前往常州，路过江宁时，他特意去拜访了王安石。王安石罢相后，一直居住在江宁，过着安逸的晚年生活。虽然他们曾经因政见不和在朝廷上激烈争执，甚至数次罢黜对方，但这并不影响他们的友情。这场争斗最终以王安石的胜利告终，苏轼被迫离开京城，在外为官十余年，浪费了最好的青春年华。这次苏轼来拜访王安石，王安石的内心是喜悦的，又是担忧的。

苏轼即将受到宋神宗的重用已是不争的事实。而王安石早已退出朝廷，不可能再入朝，所以他担心苏轼是来嘲讽他的。但他也知道苏轼为人豁达，不会拘泥于这些往事，所以他对苏轼的到来又是喜悦的。

早前因为乌台诗案，苏轼差点被处死。远在江宁的王安石得知后，立即上书宋神宗，请求赦免苏轼。所以对苏轼而言，王安石算得上是救命恩人。

王安石风尘仆仆来地来到渡口迎接苏轼。王安石已是花甲之年，不复当年的风采；苏轼也年近五十，不再意气用事。他们同游钟山，谈诗论道，交换心得。两个曾经政见不和的人，这一刻似乎被命运紧紧地联系在一起。再多的恩怨，再多的误会和偏见，这一刻都可以放下，可以真心实意地对待彼此。

相聚的日子是短暂的，马上又要分别了。王安石心有不舍，但是他明白，苏轼的路途还要继续，他只能目送他离开，给予最深切的祝福。与王安石分别后，苏轼继续前往常州，经过山阳时，又在高邮与秦观会面。临别时，他与秦观对饮淮上，望着秦淮河的夜景，想起即将到来的分别，不禁感触良多。

虞美人·波声拍枕长淮晓

波声拍枕长淮晓，隙月窥人小。无情汴水自东流，只载一船离恨向西州。

竹溪花浦曾同醉，酒味多于泪。谁教风鉴在尘埃，酝造一场烦恼送人来。

苏轼与秦观是多年好友，两人情谊深厚。他们相识于徐州，当时苏轼为徐州知州，与秦观一见如故。苏轼离开徐州时，秦观一路随行，经过无锡，同游惠山，唱和相随，度过了一段快乐的时光。

之后他们来到松江，经过吴兴，同游西观音院。端午节后两人才分别，秦观要去会稽，苏轼则要去湖州。苏轼因乌台诗案而入狱，秦观急忙到吴兴打听消息。苏轼被贬到黄州后，两人再也没有相见。此次相遇，自然有很多话要说。

苏轼要离开时，秦观从高邮相送，沿着运河而上，经过宝应来到山阳，在淮上停了下来。相送二百余里，可谓情深义重。他们一路畅饮，一路相谈，但欢愉的时光总是短暂的，分别近在眼前，秦观眼中满是依依惜别之情。苏轼何尝不是如此？饮别后，他回到卧船，一夜无眠，静静地听着江水不停地拍打着他的枕畔。不知不觉，天又亮了，他从船篷的缝隙中看到挂在天空中的残月，此时正值十一月底，所以称残月。用一个"小"字来形容月亮的形态，也反映了他心底的忧伤。

眼前的汴水缓缓地随着故人向东流去，它是那样无情，而他却载着离愁别恨，载着满满的思念，独自向西州驶去。他想起曾经与秦观同游，在竹溪的花浦间共饮，直到大醉才肯罢休……往事历历在目。所谓"酒味多于泪"，正是聚时畅饮的情谊远胜过离别的悲伤。他感叹，谁让自己在芸芸众生中发现了秦观，并与之成为好友，才有了今日分别时的一场烦恼。

苏轼从未掩饰过对秦观的赏识。他读到秦观的诗词后，大为惊叹，为秦观的才华所折服。相见后，两人更是无话不谈，结为至交。后来苏轼数次推荐秦观，正如当初欧阳修推荐他一样，体现了无私的士子之情。与秦观分别后，苏轼南返常州。

分别的苦楚还未散去，朝廷便传出了宋神宗驾崩的噩耗。之后，年仅十岁的宋哲宗即位，高太皇太后垂帘听政。

朝野焕然一新，高太皇太后打算起用因新政而被贬斥的旧臣，这也是宋神宗生前想做而又未能实现的事情。所以，苏轼刚在常州安定下来，便接到朝廷的任命，调升为朝奉郎，知登州（今山东省烟台市蓬莱区）。他终于迎来了人生的春天。

第七章　茫茫天涯：

此心安处是吾乡

在被贬到黄州五年后，苏轼终于迎来了人生的转机。宋元丰七年（1084 年）三月，宋神宗下诏将苏轼调任汝州团练副使，后又调任京城，多次高升。然而，京城的政治旋涡仍不能让苏轼安心为官，造福百姓。他再次陷入蜀洛党争之中，卷入那说不明道不清的是非恩怨。苏轼两年三州，仕途在惠州走到了尽头。

翰林学士

在黄州，苏轼度过了一生中最安稳的时期。他自耕自种，游山玩水，寄情于景，好不快活。他尽情饮酒，写诗享乐。虽然他没有自由，但这种生活是暂时的，宋神宗终于想起他来，将他调离黄州。经历了人生的风风雨雨，他似乎时来运转了。

渔父·渔父饮

渔父饮，谁家去，鱼蟹一时分付。酒无多少醉为期，彼此不论钱数。

这是苏轼《渔父》词中的第一首，以发问的形式刻画了一个喜欢饮酒的渔父形象。渔父想要喝酒，可城里这么多酒家，去哪一家好？这里包含着两个信息：一是鱼和螃蟹能换酒喝；二是酒要好，不能太差。两者结合起来呈现了渔父的贫穷生活，无钱买酒喝，只能用鱼和螃蟹来交换。渔父将鱼和螃蟹交给酒家后，酒家让他想喝多少就喝多少，直到喝醉为止，体现了生活在底层的老百姓淳朴善良的品质。

生活中一件小小的趣事，在苏轼笔下有了独特的韵味。他一直对贫苦百姓有着深深的同情，他之所以为官，就是希望借助自己的力量来帮助贫苦百姓改善生活，解决温饱问题。

渔父·渔父醉

渔父醉，蓑衣舞，醉里却寻归路。轻舟短棹任横斜，醒后不知何处。

这首《渔父醉》承接着上一首，渔父将鱼和螃蟹交给酒家，酒家让他随意喝，渔父喝着喝着便醉了。他穿着蓑衣跟跟跄跄地走着，就像是在跳舞。"蓑衣舞"，既显得诙谐又生动传神，将渔父醉后的形象表现得活灵活现。他醉得神志不清，想要回去，却分不清东南西北，根本找不到回去的路，只好坐在小船上，随它漂流。第二天酒醒之后，渔父已不知自己身在何处。

词中表面写渔父醉后的神态，实际写苏轼过去的一段经历，他曾在赤壁湖上泛舟饮酒，喝得烂醉如泥，结果和这渔父一样，酒醒后"不知东方既白"。所谓"酒醒不知何处"，正是苏轼崇尚自然的思想体现。醉后百事皆空，不再计较凡尘俗事，自然快乐无穷。

渔父·渔父醒

渔父醒，春江午，梦断落花飞絮。酒醒还醉醉还醒，一笑人间今古。

渔父的生活无拘无束，所以才能肆意饮酒。不知归路时，才能随船漂流。渔父醒来时，春江上已经是正午时分，可见他睡的时间之长。只见岸上杨柳依依，满眼的"落花飞絮"，这一春江美景，让他心生赞叹。

虽然酒醒了，但他还会再醉，醉了又会再醒，如此反复。所谓"酒醒还醉醉还醒"正是苏轼心中的矛盾。此时，他奉诏知登州，意味着再次进入官场，朝堂上的纷纷扰扰与他心中自在无为的思想是矛盾的。

苏轼一生都在入世与出世之间纠结，他积极入世，却又盼望着出世，这给他带来过痛苦，也带来过无尽的喜悦。渔父醒复醉，醉复醒，又复醉，如此反复，亦是一种人生境界的升华，所以才会发出"一笑人间今古"的感叹。渔父这一笑，也是苏轼的笑。他超然于物外，一切都可以付诸一笑。从过去到现在，从现在到未来，功名利禄，是非成败，不过是一场"醉"与"醒"。

经历了乌台诗案的苏轼对现实生活有着清醒的认识，这种认识源于他豁达的人生态度。他借助渔父的眼睛来看人世间的得失，从中悟出了非凡的人生哲理。有时候，过于执着并不是一件好事，不如放松心态，只求一乐。

渔父·渔父笑

渔父笑，轻鸥举，漠漠一江风雨。江边骑马是官人，借我孤舟南渡。

想明白这一点后，渔父仰天大笑，轻轻吟唱起来。他笑时"轻鸥举"，隐喻他如海鸥那样自由自在地飞翔着。他眼望"漠漠一江风雨"，隐喻他的胸襟如江海般宽阔，哪里还在乎风雨呢！此时的渔父已和自然融为一体，他的小船在江上慢慢漂流，一直漂向遥远的天边。

就在渔父漂流时，突然发生了有趣的一幕。骑着马奔波的官差出现在江边，见到渔父的小船后，想借他的船南渡。官差在四处奔波，渔父却悠闲自乐，两者相比，更显得渔父的精神难能可贵。

苏轼马上就要去到登州为官，现在的他即将成为那个奔波的官差，再也无法享受恬静的生活。而过去的他，无官一身轻，和渔父一样，怡然自得。他渴望像渔父那样，笑看世间万物，笑看古今。同时，他又渴望一展抱负，但世事从来无法两全，他只好随着那只小船在江波中漂流。

果然，登州只是开始，苏轼的人生继续高走，而且出乎意料得快。到登州上任才五天，他再次接到朝廷任命，升为礼部郎中（六品），举家前往京城。没多久，又升为起居舍人（六品）。

苏轼的步步高升与司马光有直接关系。高太皇太后全面废除新政，起用司马光，司马光为相后，对苏轼大力提携。美好的前景正等待着苏轼，他迎来了仕途生涯的高峰。

惠崇春江晚景

竹外桃花三两枝，春江水暖鸭先知。

蒌蒿满地芦芽短，正是河豚欲上时。

惠崇是宋代著名的僧人，被王安石称为"绝艺"。"春江晚景"图是他的得意之作。苏轼这首诗不仅写出了"画中"的姿态，更写出了"画外"的意蕴。首先映入眼帘的是那稀疏的竹林外的三两枝桃花，正随风摇曳。与桃竹相称的是那红绿相间的春意，格外令人欣喜。寒意刚过，桃花初开，春天的无限生机在画中慢慢显露出来。

春江里嬉戏的鸭子，早就察觉到江水的温暖，第一个感知到春天的到来。苏轼从画中鸭子的嬉游，想象到"春江水暖"，将视觉升华到感知。正如"一叶落而知秋"，苏轼由鸭子戏水想到春江暖，正是他对生活的细致思考。

这时，河滩上长满了蒌蒿，芦笋慢慢抽芽了，处处生机勃勃。远处的河豚正逆流而上，它们也感受到春天的温暖，要从大海游回江里来。

尽管惠崇的"春江晚景"图已经遗失，但从苏轼的诗句中可以清晰地感受到原画中的诗情画意。苏轼十分欣赏惠崇，接着又写下另一首诗《惠崇春江晚景》。

惠崇春江晚景

两两归鸿欲破群，依依还是北归人。
遥知朔漠多风雪，更待江南半月春。

苏轼的目光落向北归的大雁，其中有几只因为依恋南方的景色，差一点离开雁群。将大雁比作"北归人"，也表达了他内心的渴望。大雁留恋南方，是因为南方比较温暖，此时的北方定然还是风雪交加。既然这样，还是在江南再待上半个月，等春光到来时再回去吧。赋予大雁一种人的情感，正是此诗的精妙之处。苏轼渴望能像大雁那样归隐故里，但是他完全未料到自己会在一夕之间跃居高位。

宋元祐元年（1086年），苏轼再次升职，升任中书舍人（四品）。同年九月，一直提携苏轼的司马光在京城病逝，随后苏轼升为翰林学士，知制诰（三品），行使着内相的权力。苏辙也得到朝廷的重用，先担任御史中丞，后升为尚书右丞。苏轼由一个外放官员一举升为翰林学士，只用了十七个月，可谓一步登天。

再请出京

　　回到京城的苏轼，在高太皇太后的庇佑下，尽情施展自己的才华。这一次他终于扬眉吐气，纵情欣赏京城的霜花。

　　这时的他已经走出乌台诗案的阴影，但对于受到牵连的朋友，他始终心怀愧疚。自从被贬至黄州后，他就不停地道歉。朋友们并无怪罪他的意思，但他仍然过意不去，毕竟他曾连累了朋友们，尤其是王巩，受到的影响之大，远远超出了他的想象。

　　王巩原是一个喜欢吃喝玩乐的人，与苏轼一见如故，二人建立了深厚的友情。他的爷爷王旦为相十二年，是北宋初年名臣，所以他从小锦衣玉食，养尊处优。

　　乌台诗案发生后，王巩被贬到偏远的宾州。那里环境恶劣，生活十分艰苦，王巩还因此失去了一个孩子，他自己也差点病死在那里。对于这些，王巩并未放在心上。在他看来，富有的生活、穷苦的生活都是过日子。他还劝慰苏轼，说这些与苏轼无关，认识苏轼是他这辈子最大的幸事。

苏轼被调回京城后不久，王巩也回来了。故友重逢，喜上眉梢，把酒言欢之际，他们更多的是对往事的追忆。

饮至半酣，王巩让他的小妾宇文柔奴出来歌舞助兴。柔奴原是王巩府中的歌伎，声色俱佳。王巩被贬到岭南后，她随王巩一同前往，无怨无悔，王巩深受感动，回到京城后便将她纳为小妾，免去了她的歌伎身份。

苏轼十分佩服眼前这个女子。交谈后更是被她的谈吐所折服，尤其那句"何言受苦？何处是归？此心安处，便是吾乡"让苏轼连声赞叹，不禁赋下一首《定风波》。

定风波·南海归赠王定国侍人寓娘

常羡人间琢玉郎，天应乞与点酥娘。自作清歌传皓齿，风起，雪飞炎海变清凉。

万里归来年愈少，微笑，笑时犹带岭梅香。试问岭南应不好，却道，此心安处是吾乡。

在这首词中，苏轼以简练而又传神的语言将柔奴的美好品性表现得淋漓尽致，还通过柔奴之口，表现出她身处逆境时的不屈性格。他最羡慕的便是这世间如玉一般俊朗的男子，不仅相貌出众，就连上天也赠予他如此聪慧美丽的佳人。

对于眼前这个佳人，苏轼愿意用世间最美的语言来形容她。她歌声轻妙，笑容柔美，如水般清澈透明。不仅如此，她还才华出众，她把所作的歌曲吟唱出来后，那清亮悦耳的歌声能让人感觉到雪花纷飞，顿时让夏天变得清凉起来。这里一语双关，既写出柔奴的歌声之美，又暗含王巩被贬至气候燥热的岭南，听到美妙的歌声后，仕途不顺的忧郁与浮躁都舒缓了许多。可见柔奴对王巩之重要，以及柔奴对王巩的情意深重。

苏轼大受感染，能与这样的女子相伴，是最令人羡慕之事。柔奴北归后，看起来更加年轻了，她的笑容依旧灿烂，笑颜里似乎还带着岭南梅花的香气。从艰苦的生活中归来时带着舒畅的心情，自然显得容光焕发，更加年轻妩媚。"微笑"一词则表现了她度过艰难岁月的一种自豪，这轻轻一笑，又显示出她的豁达。

苏轼用梅花来形容柔奴的精神，正是赞美她拥有梅花一样克服重重困难的坚强意志。他试着问道：岭南的风土应该不是很好吧？柔奴却坦然地回答："此心安处是吾乡。"这也是苏轼一直以来思考的问题，故乡在哪里，何时能回归故乡？在长期的漂泊中，他不知道前路通往何方，何时才会回到故乡。如今，他的疑惑被柔奴简单的一句"此心安处是吾乡"所解开。只要心安定的地方，便是自己的故乡，何来困苦之说，何来思归之说。

他一味地追忆过去，却从未想过安定地生活下来。只有安定的生活，才能使人心安；只有心安，才知故乡在哪里。苏轼对王巩和柔奴的遭遇深为同情，同时也被柔奴随遇而安、豁达乐观的心态所感染。在经历人生的苦难之后，他深知，只有乐观旷达的情怀才能化解生活中的苦难，才能在苦难中体会世间的乐趣。这是他的处世哲学，也是他一直追寻的生存之道。

回到京城的苏轼是愉悦的，因为受到朝廷的重视，所以尽管要面对官场的种种纷争，也没有影响他欣赏歌舞的心境。

水调歌头·昵昵儿女语

欧阳文忠公尝问余："琴诗何者最善？"答以退之《听颖师琴》

诗。公曰："此诗固奇丽，然非听琴，乃听琵琶诗也"。余深然之。建安章质夫家善琵琶者乞为歌词，余久不作，特取退之词稍加檃括，使就声律，以遗之云。

　　昵昵儿女语，灯火夜微明。恩怨尔汝来去，弹指泪和声。忽变轩昂勇士，一鼓填然作气，千里不留行。回首暮云远，飞絮搅青冥。

　　众禽里，真彩凤，独不鸣。跻攀寸步千险，一落百寻轻。烦子指间风雨，置我肠中冰炭，起坐不能平。推手从归去，无泪与君倾。

　　韩愈曾写过一首《听颖师弹琴》，苏轼这首词正是对韩愈诗的一种改写，处处体现了他欣赏乐声的愉悦心情。

　　只听见乐声刚刚响起，仿佛是在那静夜之中，柔弱的灯光下，有一对青年男女在亲昵私语。那音调时而轻柔，时而细碎，时而哀怨忧伤。当他渐渐沉浸其中时，曲调突转，顿时气势高昂，如轩昂勇士，如马踏平原，势不可当。这一变化，将他的情致调动起来，忽而哀怨，忽而激昂，如那远天的暮云，高空的飞鸢，时隐时现，又忽远忽近，忽明忽暗，当真难以琢磨，尽显缥缈之味。他细细品味，顿觉悠远深长。

　　百鸟争喧之时，独有彩凤而不鸣。彩凤不鸣则已，一鸣惊人，那高音突然而起，好像陷入悬崖之中，难以移动半步。他的情致随之飘游，能深切地感受到悬崖下的艰难。接着，乐声急转直下，唯一的绳索突然断掉，使整个人坠入暗无天日的深渊之中。情绪随着乐音不停下坠，似乎没有尽头。就在此时，弦音戛然而止，仿佛不曾出现一般，消逝在遥远的空谷之中。

苏轼整个人都沉浸在音乐之中，好久才回过神来。正如白居易的"座中泣下谁最多？江州司马青衫湿"，他从中感受到人生的大起大落，感受到命运无常，那无言的悲欢离合与这音乐交会在一起，不禁让人泪流满面。在外为官数十年，他以为人生会这样安然度过，谁曾想一场灾祸从天而降，让他一下子跌落谷底。他在黄州的生活是苦的，却也是乐的，倘若生活一直这样也就罢了，如此度过残生，了无期待。可随即而来的调令，给了他希望，由此东山再起，一飞冲天，达到了人生的巅峰。

居于高位，也意味着要承担更大的责任，面临更多挑战。从翰林学士到侍讲学士，最后成为宋英宗的老师。司马光逝世后，他一下子成为宰相的最佳人选，随时可能登上相位，与此同时，他和保守党之间的纷争也越来越严重了。

保守党人都不想让苏轼成为宰相，于是联合起来反抗苏轼，惊动了高太皇太后，最后演化成一场无休无止的口水之争。面对这种局势，苏轼再次感到疲惫。

以前苏轼反对王安石，是因为新政过于急功近利。而现在他与朝廷中主张完全废除新法的大臣不同，他是想将新法中好的部分保留下来。他始终牢记自己回京城的目的，不是为了争权夺利，谋求高位，而是要造福天下百姓。如今他再次陷入蜀洛党争之中，卷入那说不明道不清的是非恩怨之中。他再次嗅到危险的味道，不禁感叹：在京城做官实在是太难了！这里始终不是他的理想之地，不是栖身之所。于是，他再次自请出京，以逃离这个是非之地。

这时，高太皇太后同样承受着朝野内外的压力，于是同意了苏轼的请求，将他调至美丽富庶的杭州，任命他为杭州知州。自此，苏轼再也没有回京担任过官职，一直被贬在外，直至客死他乡。

在一次又一次的党争之中，苏轼始终保持着高洁的品性。而这正是他的人格魅力之所在，很少有人能在居于高位急流勇退，尤其是在经历过大苦大难、重见天日之后。但苏轼做到了，他初心不改，只为守住心中的那片净土。

余杭故梦

一别十八年，再到杭州时，苏轼已经年过半百，身上带着岁月的沧桑，不再是那个意气风发的青年。

对于御史台的大牢，他如同惊弓之鸟，一想到那个黑暗之地，内心就觉得恐惧。他害怕重蹈覆辙，再次成为党争的牺牲品。

如今来到杭州，苏轼感到如释重负。他对杭州再熟悉不过了，然而，当他来到西湖前，却发现眼前不再是当年那个风景如画的西湖，而是一个杂草丛生、几近干涸的死湖，哪里还有当年的灵气？似乎这十八年来，西湖和他一样经历着干涸的命运。他知道不能听之任之，否则西湖之景将不复存在。

很快，苏轼奏请朝廷，对西湖进行全面治理。他仔细分析了西湖的现状，发现西湖的问题主要有二：一是湖中杂草过多，覆盖了整个湖面，致使西湖内的鱼草缺氧而死；二是湖底的淤泥过多，致使湖水无法流通，形成死水。因此，要治理好西湖，关键在于处理湖底的淤泥和湖中的水草。经过实地调查后，他决定利用西湖水底的淤泥和土方，在西湖西侧修建一条长堤，将西湖南北连接起来。不仅如此，他还在长堤上修了六座古桥，分别取名跨虹、望山、映波、压堤、东浦、锁澜，又在长堤上修筑了九座亭台。就这样，一个水利工程硬生生地被他变成了人文景观。

为了防止水草再次威胁到西湖的生态，苏轼亲自做了很多调查，发现水草最容易长在靠近河滩的地方。于是，他将河岸和湖岸边的地方全部租给农民，让他们种植菱角，有效预防了水草的生长。在他的努力下，西湖得以再现辉煌。

为了纪念苏轼对西湖的贡献，人们将他修筑的那条长堤取名为"苏堤"。每年春天，苏堤六桥笼罩在烟柳之中，随着几声莺啼，春意盎然，是为苏堤春晓，被列为西湖十景之首。

春宵

春宵一刻值千金，花有清香月有阴。
歌管楼台声细细，秋千院落夜沉沉。

杭州的春夜美景是苏轼最留恋的。百花盛开，在月色下更显迷人，由于极其短暂，显得十分珍贵。他说"春宵一刻值千金"，这春夜的美景竟抵得过千金。这不仅是说春夜景色迷人，更是对时间匆匆的一种感悟。已到天命之年的苏轼觉得生命极其珍贵，时光一旦流逝，便不再复返。

在明月的幽光下，花儿显得更加朦胧醉人，一阵清香传来，让人更觉美妙。这时，楼台深处传来阵阵歌声，那轻妙的歌声不时地在夜色中散开。夜已经深了，但他们仍然在楼台上欢聚。只有挂着秋千的院落里，才有片刻的清净。在此，苏轼无情地讽刺了那些一味贪图享乐的富贵公子。他们醉生梦死，不知道珍惜光阴，最终只会一事无成。

在杭州的生活是愉快的，但也难免也有离别的苦楚。他多年在外为官，漂泊不定，深深感受到游宦之苦，感受到时光流逝的无奈与沧桑。

临江仙·送钱穆父

一别都门三改火，天涯踏尽红尘。依然一笑作春温。无波真古井，有节是秋筠。

惆怅孤帆连夜发，送行淡月微云。尊前不用翠眉颦。人生如逆旅，我亦是行人。

宋元祐元年（1086 年），苏轼与钱穆父一同在朝为官，当时苏轼刚刚受到朝廷的提拔，进京担任起居舍人，而钱穆父则是中书舍人。两人性情相投，成了知交好友。后来，钱穆父被调离京城，任越州（今浙江省绍兴市）知州。钱穆父离开京城时，苏轼为他饯行，并留诗赠别。这一别就是三年。其间，钱穆父在京城与吴越之间漂泊不定，生活艰苦，如今又要远赴瀛洲。途经杭州时，苏轼特意与他相会。

尽管他们脸上布满岁月的沧桑，写尽疲惫，但是他们的友情一如当初。苏轼不禁感叹：自从上次在京城分别，转眼就过了三年。但是两人相逢时，仍然能感受到春天般的温暖。

"无波真古井，有节是秋筠"，是苏轼对钱穆父辅君治国、坚持操守的称赞。而四处游宦、在外漂泊的苦楚，苏轼感同身受，所以这也是他对自己的一种勉励。他不愿卷入党争之中，所以自请在外为官，远离京城，保持淡泊的心境，坚守内心的净土。

如今与钱穆父重逢，他从对方身上看到了自己的影子，借称赞对方来勉励自己继续保持这一品行，不因岁月而有所改变，不因生活之苦而妥协。分别是凄苦的。想到故友即将离开，苏轼心里十分难受。

此次一别，不知何时才会重逢，甚至可能再无重逢之日，他怎能不难过呢？送行时，那淡淡的月色、微茫的云色，都增添了几分哀愁，就连陪酒的歌伎也唱出阵阵凄婉的声音。最后，他发出感叹："人生如逆旅，我亦是行人。"

苏轼一生游宦多地，经历过生与死的考验，对他来说，人生就是一趟艰难的旅程，每个人都是旅途中的匆匆过客，走了又停，停了又走。或许他早已厌倦这样的生活，只是无力改变，只能默默接受，笑对人生之苦，苦中作乐。

送别钱穆父后，苏轼怅然若失，一连几天都闷闷不乐。

转眼间，三年任期已满，苏轼奉旨还朝。他真的爱极了杭州，想在这里一直生活下去，然而朝廷的旨令他无法违抗。时任两浙路提刑的马中玉恰好也在杭州，听闻苏轼要还朝，便设宴为他饯行，赋一首《木兰花令》相赠。礼尚往来，苏轼当即依马中玉的韵，另写一首《木兰花令》作为回应。

木兰花令·次马中玉韵

知君仙骨无寒暑，千载相逢犹旦暮。故将别语恼佳人，欲看梨花枝上雨。

落花已逐回风去，花本无心莺自诉。明朝归路下塘西，不见莺啼花落处。

在这首词中，苏轼首先表达了自己对马中玉的尊敬。马中玉有崇高的品格，如得到仙骨一样，在深冬不觉得寒冷，在盛夏不觉得炎热。与这样的知己重逢，苏轼心里自然十分愉悦。只是他们才刚刚重逢，马上就要分别，其难舍难分之情在所难免。

对于这位挚友，苏轼再了解不过了。他知道分别之时，马中玉一定会难过痛哭，于是用"故将"来调侃友人，表面上是自己弄哭了友人，实际上是劝慰对方，打破分别时难受的局面。要知道，落花注定要随风而去，当它从枝头落下，一阵风吹来，它便随意飞舞。但是这并不意味着落花是在追逐轻风，落花的命运如此，它别无选择。苏轼将自己比作"落花"，返回京城是他无法掌握的命运，只能独自叹惋。

或许只有枝头的春莺懂得落花的真情，它正不停地哀鸣着，似乎在为落花的命运感叹。明天他就要离开杭州了，返回京城后，就再也看不见这"莺啼花落"的景致了。可是，人生就是如此，人人都有身不由己之时，只有接受现实才能感受未来的美好。如果深陷离别的苦楚，只会白白错过一路的风景。

僧人参寥也是苏轼的至交好友。苏轼被贬黄州时，参寥曾特意去黄州探望苏轼。这份情谊让苏轼非常感动。在即将离开杭州之际，苏轼特意写了一首《八声甘州》送给参寥，表现了他们之间高洁的友谊，又吐露了那种"谁似东坡老，白首忘机"的豪情。

八声甘州·寄参寥子

有情风万里卷潮来，无情送潮归。问钱塘江上，西兴浦口，几度斜晖。不用思量今古，俯仰昔人非。谁似东坡老，白首忘机。

记取西湖西畔，正春山好处，空翠烟霏。算诗人相得，如我与君稀。约他年、东还海道，愿谢公、雅志莫相违。西州路，不应回首、为我沾衣。

　　有情风卷起潮水从万里之外的钱塘江扑面而来，刚刚拍打岸边，又无情地将潮水送回。这一"来"一"送"，"有情"与"无情"，正代表了尘世间的聚散分合。江潮是有情而来，却无情而归，看似有情更似无情。

　　苏轼以豪迈大气的笔调，把即将分别的苦楚融入江潮之中，显露出浩瀚的情怀，然而潮来潮又归，正如分离在即，不可阻挡。他不禁想问，他们在钱塘江上或西兴浦口共赏过几次夕阳斜晖？正如江潮无情而归，夕阳也是无情而落。"几度斜晖"道尽夕阳无情而落，又多情而来；道尽他们相聚时的种种，更显情谊之深。

　　既然一切都如梦幻一般，何必思量古与今的变幻？也就在俯仰之间，眼前的一切已物是人非。既然一切都无情，那就不必为过去而伤心难过，亦不必为未来而忧心忡忡。那"白首忘机"正是苏轼豁达情怀的体现。经历过世间的种种是非，他有了更深的体会。

　　对于生活，他还是热爱的，以往的激情并未消退；对于友情，他也是珍视的，如当初那般推心置腹。回想起与参寥在西湖边饮酒作乐，饱览春光山景，望尽那如烟如雾的云霭，一起谈禅论诗，一起感受美景，一起参悟未来，他感觉那样的生活无比惬意，太过珍贵，无法忘怀。

　　苏轼与参寥约定将来像东晋时的名相谢安那样"东海还道"。谢安功盖四野，却怀着一颗归隐之心，然而他身在其位，身不由己，几次请求还乡，均未被采纳，最终病死西州，未能实现归隐的夙愿。苏轼不希望自己像谢安那样，不想让这"雅志"与事实相违，让老朋友在西州路上痛哭，由此表现了他"归隐"的决心。

平淡的词句背后蕴含着深切的情意。难怪元好问评苏轼词时说："性情之外，不知有文字。"可见那份情感并未因字句平常而减淡，反而显得更加深刻。

可惜苏轼终究未能实现"归隐"的夙愿。离开杭州后，他的人生开始大起大落，那种身不由己、无法掌控命运的无力感再次涌上他的心头。但他依然苦中作乐，无论是"两年阅三州"，还是被贬到偏远的惠州，甚至极南之地儋州，他都没有对生活失去信心。

两年三州

就在苏轼感叹"人生如逆旅，我亦是行人"之时，怎么也没有料到，自己接下来的人生之路将更加漂泊不定。

毕竟身处官场，如果不能居于高位，一切都有可能发生。他选择在外为官，亦是一种自保，但这样的日子却无法长久。他已无法像早年那样，在一个地方待到任期结束，至少还有三年的安逸时光。

"两年阅三州"是苏轼动荡生涯的开始，亦是他在失败的权力斗争中尝到的苦果。人生最可怕的是生离死别，最难受的是奔波不定。

两年三州，不停地在京城与颍州、扬州、定州之间来回奔波，使苏轼感到身心疲惫。短暂的任期，根本无法发挥他的长处，更别提施展才华。他就是匆匆过客，说来就来，说走就走，一点痕迹也没有留下。

苏轼途经扬州时，朋友王存特意宴请他。酒过三巡之后，苏轼即兴写下《临江仙·夜到扬州席上作》。

临江仙·夜到扬州席上作

尊酒何人怀李白，草堂遥指江东。珠帘十里卷香风。花开花谢，离恨几千重。

轻舸渡江连夜到，一时惊笑衰容。语音犹自带吴侬。夜阑对酒，依旧梦魂中。

在这首词中，苏轼发出疑问，谁会怀念李白，想与李白一起饮酒论诗？然后他自己回答，自然是杜甫。李白和杜甫有过一段短暂的相逢，两个大诗人之间产生了一股惺惺相惜之情。后来杜甫客居成都，在成都的草堂中还时常怀念江东的李白。

李白和杜甫之间的深切友谊，已经历历史的见证。而苏轼和王存之间的友情，亦如李白和杜甫的情谊一般深切真实。"珠帘十里卷香风"，这是杜牧笔下的扬州，繁华又富丽。可花开花又谢，时光匆匆，那离愁别绪竟有千斤重。苏轼乘坐小船连夜来到扬州，与王存相逢时，心中又惊又喜。王存用江东口音取笑他旅途辛苦，容颜疲困。

"一时惊笑衰容"道出了他与友人相逢时的喜悦。此时的他已经五十六岁，历经沧桑，漂泊不定，脸上自然带着岁月的痕迹，疲惫不堪。尽管友人笑话他，但他也没有在意，相逢的喜悦胜过了一切。

夜深人静，一切恍然如梦。苏轼特别重视友情，对每个朋友都真心付出。但是，他这一生有着太多的别离，每次分别，他的心就难受一次。然而，他依然将最好的祝福留给朋友，只愿岁月安好。

回到京城的苏轼，被任命为吏部尚书。原以为这样的生活会持续下去，没想到他上任没多久，又接到了外任的调令，被调为颍州知州，于是，刚刚安顿下来的他又带着家人赶往颍州。他在颍州仅仅待了半年，又被调回朝廷。

即将离开颍州时，王闰之见堂前梅花开得十分艳丽，便对苏轼说，可以邀请几个朋友前来赏花饮酒，不要辜负这美丽的春色。苏轼便邀来好友赵德麟一起在梅花树下小酌，席间兴致上来，写下一首《减字木兰花·春月》。

减字木兰花·春月

二月十五夜与赵德麟小酌聚星堂

春庭月午，摇荡香醪光欲舞。步转回廊，半落梅花婉娩香。
轻烟薄雾，总是少年行乐处。不是秋光，只与离人照断肠。

在春夜的庭院里，苏轼与友人赏花共饮。只见明月当空，银色的月光洒了下来。银色的光芒落在他的酒杯里，随着酒色荡漾，闪闪发光，像极了一段美妙的舞蹈，妙不可言。于是，他大胆地将月光倒进自己的酒杯，让美酒的芳香与月色的柔美融在一起，释放出阵阵柔情蜜意。

他喜欢春天的月色，喜欢皎洁又明亮的夜晚。月光如水银般落下来，为周围铺上了一层银光。当他走过回廊时，闻到了残梅的香气，放眼望去，只见银月下的梅花尽显灿烂，生出一种别样的意蕴。他忘记了周围的一切，沉浸在这安谧的诗情画意之中，不免有些神游，思绪在夜空中飘荡，沐浴在银光之下。这时，阵阵轻风吹来，他回过神来，只见笼着春月的薄雾被慢慢吹开，月光正好落在那少年行乐的地方。

赵德麟时任颍州签判，深受苏轼赏识。这里的"少年"指的便是赵德麟，又有与他同游同乐之意。眼前的情景，不像那秋日的月光，只会落在漂泊者身上，照着那离别之情。

苏轼始终追求美好的事物，对于眼前的良辰美景，他格外珍惜。政治上的失意对他不过是过眼云烟，只有清净之地才能释放他无与伦比的才华。

在颍州的日子短暂又快乐，六个月的任期结束后，他离开颍州，再次回京复命，被任命为兵部尚书。两个月后，任礼部尚书；不久又被调往扬州担任知州；六个月后，又回京复命。

漂泊不定的生活让苏轼深受其累。与他一同受累的还有他的家人，尤其是妻子王闰之，苏轼到哪里，她就跟到哪里，从来没有半句怨言。她用无尽的包容，让苏轼依然能享受到家庭的快乐，不至于感到孤单。

然而，意外正无声无息地到来。从扬州刚刚回到京城，王闰之便一病不起，用药之后仍不见好转，苏轼十分担心王闰之的身体。可似乎他越害怕什么，就会来什么，王闰之终是去了，将他一个人留在世上。这个陪伴了苏轼二十六年的女子，将一生都奉献给了苏轼，用最好的青春给予了他无尽的温暖。如今说去便去，留给苏轼无言的悲伤。

苏轼不像当初王弗离世时那样号啕大哭了，但是他显然更加悲伤。二十六年的夫妻情谊，哪是说忘就能忘的。二十六年里，他带给王闰之的是漂泊不定的生活，时时让她害怕担忧，不曾有过一刻的安宁。曾经他倾尽所有，只愿给她幸福。如今王闰之却先他而去，悲伤让他忘记了哭泣。他轻轻吟唱那首《南歌子·感旧》，只愿这歌声带去他无尽的思念与哀愁，让远去的她体会到那深厚的情谊。

南歌子·感旧

寸恨谁云短，绵绵岂易裁。半年眉绿未曾开，明月好风闲处是人猜。

春雨消残冻，温风到冷灰。尊前一曲为谁回，留取曲中一拍待君来。

这首词原是苏轼被贬黄州时所作。当时他刚刚经历人生的大难，一离开御史台的监狱，便被送到偏远的黄州。从入狱到黄州，他已经半年未与王闰之相见，心中自然十分想念。深深的思念让他心中满是愁思，根本无法剪断。回想这半年来，他们天涯相隔，差点永久别离，她的双眉定然未曾舒展。

当苏轼在狱中生死未卜时，王闰之的心也总是悬在半空，时不时地打听着，希望朝廷能宽大处理，可这又不是她能左右的。她僻居一隅，只有明月和清风陪伴着她，也只有它们知道她内心的思念有多么深。一句"是人猜"将王闰之思夫的心情写得十分传神，是思夫又不是思夫，是担忧又不是担忧，传递出来的是浓浓的情谊。

的确，任何人都猜不透她，但是苏轼却能感受到她心底的思念。只见一场春雨到来，洗礼着那些仍被冰冻着的事物。春雨带来了暖风，寒意被吹走，冷灰不再。这两句说的是他的现状，他已离开牢狱，感受到春天的温暖，王闰之不必再为他而担心，相信他们不久就会重逢。

当他对着美酒时，怎么也不唱完这首曲子，就是为了等待王闰之归来，与他一同欣赏美景、美曲。此处以情入景，以景托情，将他与王闰之的绵绵情意表现得淋漓尽致，字里行间流露出来的正是忠贞不渝的爱情。

如今佳人已逝，回想起来，苏轼心里一阵难受。但是，他的生活仍要继续，他只能收起心中的感慨，强打起精神来处理王闰之的后事。王闰之的后事刚刚处理完毕，苏轼还未来得及回朝复命，宫中便传来了高太皇太后病逝的消息，举国哀伤。

苏轼这些年虽然在外为官，但对朝中之事还是很了解的。高太皇太后病逝，意味着宋哲宗开始亲政，他预感到将有不好的事情发生。果然，宋哲宗亲政后，他便收到朝廷的调令，外放为定州知州。为此，他只能长叹一声。在短短两年里，他在三个地方担任知州，每一次都不长久。这正是朝局不稳的象征。

宋哲宗继承父亲宋神宗的"遗志"，再次推行新政，起用新党人士。曾经被高太皇太后全面废除的政策死灰复燃，再次推至全国各地。苏轼曾经的同窗好友章惇当上宰相后，开始了对苏轼的报复，在宋哲宗面前不断数落苏轼的罪责，欲置苏轼于死地。

苏轼在定州待了八个月后，等来的不是回京复命，而是发配岭南的诏书。年仅十八岁的宋哲宗将苏轼先贬为英州知州，但苏轼还未到达英州时，宋哲宗又连下几道诏书，将他的职务全部革除，降为昌建军司马，安置惠州，不得签署公文。至此，苏轼的官职一落千丈，曾为三品大官，如今又回到了原点。他只能轻叹一声，失望地摇了摇头，带着家人前往惠州。

发配惠州，意味着他的仕途走到了尽头。前路漫漫，他不知归处，甚至连去惠州的路费都成了问题，只好求助于被贬汝州的苏辙。在看到汝州小峨眉山的风景时，他动了在这里隐居的念头。但这个念头无法成为现实，现在的他无法决定自己的未来。生活就是这样，起起落落，只是对苏轼而言，起得太快太高，摔下来时也更痛。

第八章 垂老投荒：

无限春风来海上

　　五十九岁的苏轼失去官职，被贬到惠州。惠州的生活远比他预想中的要艰苦。在这里，苏轼的处境十分尴尬，既不是官又不是百姓，且南方燥热的天气让他十分不适，终日疾病缠身。生性豁达的苏轼在如此艰难的日子里也找到了一丝安乐与快意，可这样的心胸对章惇而言却如眼中刺，他请求宋哲宗将苏轼贬至儋州。儋州不是苏轼生命的结束地，却是他游宦生涯的最后一站。

贬居惠州

生活中，愁苦与快乐似乎总是相伴相生。因为乌台诗案，苏轼曾跌落到人生低谷，被贬黄州，失去人身自由，但他仍然在艰苦的生活中找到了快乐的源泉。此后，他时来运转，仕途顺畅，然而，猝不及防间他再次成为政治的牺牲品，被贬到惠州，失去了所有的官职。人生的大起大落来得太过突然，此时的他已经五十九岁了，惠州离定州有数千里之遥，旅途劳顿，十分辛苦。经过赣江时，他在江西万安县内的惶恐滩边停了下来，眼前江水湍急，他顿时感到前途渺茫，心中惶惶不安。

八月七日初入赣过惶恐滩

七千里外二毛人，十八滩头一叶身。

山忆喜欢劳远梦，地名惶恐泣孤臣。

长风送客添帆腹，积雨浮舟减石鳞。

便合与官充水手，此生何止略知津。

苏轼清楚地知道自己的处境十分危险。他的人生就像一叶孤舟，飘荡在水流湍急的惶恐滩上，一不小心就会被江水淹没。京城的局势远比他预想的复杂得多，新党重新受到重用，渐渐把持朝政，尽管他与宋哲宗有师生情谊，仍然难逃被贬谪的厄运。

不过，他对返朝仍然怀着信心。在《和陶咏三良》中，他写道"君为社稷死，我则同其归"，足见他当时的心境。毕竟朝中的元祐大臣仍有势力，假以时日，他定能得到朝廷的恩赦。

在这首诗中，苏轼巧妙地借助"七千里外""十八滩头"以及"一叶身"，将渡过惶恐滩时的险情与人生旅途中的险情联系在一起。他意识到这次危机并不简单，抱有信心是一回事，能否取得最终的胜利又是另一回事。

朝中的势力错综复杂，宋哲宗一心恢复宋神宗时期的新政，起用新党人士是一个极其不好的信号。尽管元祐大臣们竭力周旋，但究竟能起到什么样的效果还是未知数。苏轼感到前途渺茫，不知何处才是归途。

眼前的急流就是他起伏的人生，流水是他日夜思念的故乡，山水之间流露出来的是浓浓的思乡之情，最终忧思成梦，只有在梦中，他才能回到遥远的故乡。在这个叫惶恐滩的地方，他的忧思更重了，他不知道未来会在哪里。对于这次调令，他心里完全没底，只能在急流中漂泊。他早已倦怠这样的生活了，内心对回归故里过安稳生活的渴望也越来越强烈。

一路的美景让他的忧思渐渐淡去。这时长帆高扬，一阵急风带着小船快速向下流去。那被雨水冲洗过的流石，早已无法辨清。他的人生正是这样急坠下来，让他猝不及防。

他的一生经历了太多的大风大浪，也练就了坚忍不拔的性格。

每一次遭遇逆境，他都会认真思考人生，会以豁达的心境去面对。他并没有显得十分沮丧，因为再多的担忧也无法改变现实，他必须走好眼前的路。他调侃自己应该成为朝廷的水手，然而他却没有成为朝廷的水手。对于相位，他有过期盼，更多的是忧心。

来到惠州后，苏轼才意识到惠州的生活远比他预想中的要艰苦。在这里，他的处境十分尴尬，既不是官又不是百姓，这种滋味他曾经尝到过，当时还讥笑自己不用做事白拿朝廷的俸禄。而让他最难受的莫过于水土不服。他对南方燥热的天气十分不适，惹得痔疾缠身，用药后仍不见好转，每天不停地痛苦呻吟。

行香子·病起小集

昨夜霜风，先入梧桐。浑无处、回避衰容。问公何事，不语书空。但一回醉，一回病，一回慵。

朝来庭下，飞英如霰，似无言、有意催侬。都将万事，付与千钟。任酒花白，眼花乱，烛花红。

痔疾缠身的苏轼豁达不起来，加上年事渐高，对秋天的感悟也多了几分忧愁。昨夜的霜刚刚落下，就刮起了寒风。院子里的梧桐叶随风落下，他无法回避日益衰老的容颜。政治失意带来的痛苦不言而喻，他竭力回避，却让哀伤的曲调更加哀怨了。

他始终惶惶不安，内心的孤独与苦闷只能说与秋风，但他又不敢轻易说出，只是用手不停地在空中比画着，想要将心中的不满与愁绪全部倾诉出来。他已经老了，有时沉醉得不知岁月，有时病得不知愁苦，有时慵懒得不知归途。"一醉""一病""一慵"是无聊的生活所致，也是被贬谪在外的苦闷，更是对未来的一种绝望。

这些年来，他从来都是积极入世，追寻心中的理想，却一再卷入政治纷争之中。他不愿去争，不愿去改变自己，宁愿成为仕途上的失意者。

　　清晨来到院子里，他感叹时光流逝，生命无常，将一腔心事和热情都置于那"千钟"之中，痛快一饮。任凭酒花雪白，任凭醉眼迷乱，任凭风烛残年，他只想一醉不醒。悲秋的伤感已在他心中转化为不羁的情绪。既然现实已无法改变，又何必强求，不如享受来日无多的美好时光。不管岁月如何，不管前路如何，他只活在当下，把握眼前的良辰美景，在坎坷的人生中找到心中所乐。醉梦之中，他可以不管不问，只是醒来以后，病痛仍在，生活仍要继续。在黄州时，他尚能自给自足，但是在惠州，无亲无故，要养活一家人格外困难。就在他陷入绝望之时，表兄程之才的到来，带给了他无限的温暖。

恩怨情仇

　　世上从来没有无缘无故的恨，也没有无缘无故的爱。今天种下的因，必然会有明日承受的果。苏轼最后的人生岁月之所以会被发配岭南，很大程度上是因为章惇。其实，章惇与苏轼本是多年的好友，早在凤翔时两人就认识了，分别后更是书信来往不断。

　　苏轼因为乌台诗案被关入御史台后，身为好友的章惇积极营救苏轼，甚至不惜当面质问宰相王珪。后来苏轼被贬黄州，几乎与所有友人断绝了来往，但仍与章惇保持通信，字里行间流露出深厚的友谊。

　　高太皇太后执政，司马光为相时，章惇与司马光有着很深的间隙，苏轼作为元祐大臣，并没有帮助章惇，反而置身事外，不管不问。这种态度让章惇很不舒服。其实苏轼对章惇与司马光之间的矛盾也调停过，但是效果甚微。他身为元祐大臣，与司马光也发生过争执，但他不愿让事情变得更加复杂。章惇被贬后，不明其中道理，对苏轼怀恨在心。按理来说，这不足以让章惇对苏轼痛下杀手，甚至不惜用尽阴险恶毒的手段。但苏轼连续被贬，确实与章惇有着直接关系。苏轼被贬惠州后，章惇不许他居住官衙，也不许租用民居，就是想让他露宿街头。章惇还不解恨，想要彻底除掉苏轼。

作为苏轼曾经的至交好友，章惇对苏轼的家境再了解不过了。他略一沉思，想出了一条歹毒的计策。程之才是苏轼的表哥，也是苏轼的姐夫。当年八娘无故死在程家，苏洵痛失爱女，心中十分气愤，便将八娘的遗体接回，安葬在祖坟里，并与程家断绝来往。

四十多年来，程家与苏家恩怨不断。章惇利用这一点，任用程之才，将他调任为广南提刑，代表朝廷巡查地方官员，想借程之才之手来铲除苏轼。对于表兄的到来，苏轼内心惶恐不安。毕竟两家有仇怨在前，而且这是章惇授意，他一时不知如何应对。此时的他生活十分困难，几乎到了走投无路的地步。

不过章惇打的如意算盘无意间帮助了落魄的苏轼，原来程之才并非斤斤计较之人，对于两家的恩怨是非，他不以为意，甚至一直想找机会与苏轼当面谈谈，化解彼此之间的隔阂。章惇将他派到岭南，正好可以了结旧事。苏轼已到了花甲之年，再为这点事争个你死我活，显然是不明智的。一番书信往来后，两家的恩怨也化解了，一切归于尘埃。

程之才来到惠州时，苏轼无法亲自去迎接。忙完公事后，程之才特意来到嘉祐寺与苏轼见面，两人已经四十多年未见，一时感慨无限。都说岁月无情，但所有的是非恩怨都被它冲洗干净，留下的是浓浓的亲情。

原本苏轼在惠州受到诸多限制，无论做什么事都在小吏的监视之中。程之才替苏轼疏通关系后，惠州的小吏不再像苏轼初来时那样苛刻了。而且，苏轼也有了安身之所。至此，苏轼才开始慢慢融入惠州百姓的生活之中。他心中的诸多不满，都在愉悦的乡民生活中——消解。苏轼在惠州写了不少《和陶诗》，通过与陶渊明的和唱，他终于找到了让自己平静的方式，在惠州体验到与陶渊明一样的快乐。

惠州一绝

> 罗浮山下四时春，卢橘杨梅次第新。
> 日啖荔枝三百颗，不辞长作岭南人。

宋朝时，岭南一直是罪臣流放之地。来到这里的官员，大多是被贬离朝廷的，不免有些哀怨。苏轼也是被贬至此，甚至没有自由，但是他旷达的精神使他对岭南产生了无限的喜爱。

罗浮山下，四季都是春天，是那样温暖。山上的枇杷和杨梅每一天都是新鲜的，如果每天能吃上三百颗荔枝，他愿意永远做一个岭南人。

荔枝是岭南再普通不过的水果，满山可见。在苏轼眼中，荔枝不仅美味无比，而且还将他与岭南紧紧地绑在一起。他渐渐融入惠州的生活之中，尽管无官无职，也依然想为惠州百姓做些实事。

不能签署公事，他可以流连于岭南的景色之中，四处体察民情，与岭南百姓共同生活，体味他们的疾苦，帮助他们解决生活中的难题。这句"不辞长作岭南人"不是一句空话，而是一句肺腑之言。

他在官府与百姓间流连，穿梭在惠州城中，体察惠州的民生之苦。他看到连接惠州东城和西城的浮桥，涨水时不时有人坠水，心中十分痛惜；他发现见西丰湖长桥被破坏，朝廷久不修葺，他慷慨捐献出在朝廷为官时获得的赏赐，还让身边的亲人募捐钱财，尽微薄之力。

行走在田间时，他发现惠州的农业十分落后，百姓们使用的农具十分笨拙，不利于耕种。于是，他利用自己的经验，教惠州百姓使用先进的农具，还建议县令兴修水利工程，缓解农民的压力。

不仅如此，他还利用自己仅有的影响力来改善军营的生活，改变了军民混居的局面。

无论去到哪里，他都不会闲着。虽身无官职，但他依然为惠州百姓做了许多实事，帮助他们解决了许多生活中的难题。他保持着纯粹的士子之心，赢得了惠州百姓的尊敬和爱戴。

在苏轼心中，像陶渊明那样隐居田园固然是理想的生活，但如果能借助自己的智慧帮助一方百姓，也是功德无量。

在宦海中沉浮不定的苏轼，慢慢平静下来。朝廷中的元祐大臣几乎全部被流放，回归朝廷成了一种奢望。他对此已然心死，只想过上平静又快乐的生活，至于那些是是非非，他再也不想管了。

冰姿仙风

就在苏轼渐渐体会到岭南生活的乐趣时，一场瘟疫悄无声息地到来，带走了他生命中另一个重要之人，她就是王朝云。在发妻王弗去世后，苏轼另娶了王闰之，但是他和王闰之只是夫妻，而不是知己。直到王朝云的出现，让苏轼再次体会到什么是理解，什么是宽慰。

苏轼遇见王朝云是在杭州做通判时，那天他在西湖上饮酒，叫来一群舞女助兴。王朝云便在其中，只见她朱唇微点，超尘脱俗，如一朵幽兰，散发出阵阵清香。苏轼那颗黯淡的心突然怦怦跳动起来，他不顾世人的眼光，执意收王朝云为侍女，将她带在身边。

当时王朝云只有十二岁，她出生在钱塘，天生丽质，但家境贫寒，最终沦落风尘，成为一名歌伎。若不是遇到苏轼，她这一生很大可能是在青楼中度过。苏轼给了她人生的希望，她牢牢地抓住了这次机会，只为逃离苦海。原本她是没有名字的，苏轼取发妻王弗之姓，名为朝云，字子霞。从此她脱离了乐籍，有了自己的名字，也有了自己的家。

苏轼在杭州待了三年，又去密州、徐州、湖州为官，一直漂泊不定。对此，王朝云毫无怨言，她已打定主意，无论苏轼是富贵还是贫穷，她都会跟到底。

乌台诗案后，苏轼被贬黄州，生活十分清苦。王朝云不离不弃，一直在苏轼身边细心地照顾他。这种真情让苏轼大为感动。尽管王朝云已经成年，但苏轼却不敢纳她为妾，毕竟自己是戴罪之身，连生活都没有着落，所以不想耽误她的一生。

苏轼向朝廷申请的置地批下来后，王朝云与他一起开垦荒地，生活渐渐好了起来。于是，苏轼正式纳王朝云为妾，两人情投意合，相互欣赏。

在黄州的日子是苦涩的，但王朝云的心里却是甜的。她知道苏轼喜欢吃肉，于是买来廉价的肥猪肉，用微火慢炖，做成一道美味。苏轼十分喜欢，后来这道菜被命名为"东坡肉"，世代相传。

没过多久，王朝云生了一个儿子，苏轼特意为他取名"遁"，意思是远离政治旋涡，平安度过一生。或许这是他多年宦海沉浮的体验和心得。苏遁满月之时，苏轼回想起昔日在京城的无限风光，再看如今落得如此下场，心中涌现出无限感慨，不禁自嘲。

洗儿

人皆养子望聪明，我被聪明误一生。

唯愿孩儿愚且鲁，无灾无难到公卿。

他一生聪明，曾名噪京城，却受尽迫害。若是当初愚钝一些，不去考取功名，或许可以平安度过一生。作为父亲，他自然希望子女聪明过人，但是他更希望子女平安健康，"无灾无难到公卿"。

在黄州待了五年后，苏轼终于等来了朝廷的恩赦，调至汝州。黄州离汝州有千里之遥，一路颠簸不定，当他们来到金陵江岸时，苏遁因不适应气候，不幸中暑夭亡。苏轼不禁号啕大哭，上天对他实在是太残忍了。

去岁九月二十七日在黄州生子名遁小名干儿顽

吾年四十九，羁旅失幼子。

幼子真吾儿，眉角生已似。

未期观所好，蹁跹逐书史。

摇头却梨栗，似识非分耻。

吾老常鲜欢，赖此一笑喜。

忽然遭夺去，恶业我累尔。

衣薪那免俗，变灭须臾耳。

归来怀抱空，老泪如泄水。

我泪犹可拭，日远当日忘。

母哭不可闻，欲与汝俱亡。

故衣尚悬架，涨乳已流床。

感此欲忘生，一卧终日僵。

中年忝闻道，梦幻讲已详。

储药如丘山，临病更求方。

仍将恩爱刃，割此衰老肠。

知迷欲自反，一恸送余伤。

苏遁的出生令苏轼满心欢喜，被贬黄州的郁闷心情也得到了很大的缓解。可是好景不长，仅仅半年，苏遁便意外夭折。他说："吾年四十九，羁旅失幼子。"这是他心底的痛楚，他深陷其中，无法自释，只能以泪洗面。

他内心十分自责，认为儿子是受自己所累，又说"忽然遭夺去，恶业我累尔"。如果没有这纸调令，未受到朝廷起用，现在他们还在黄州，不至于遭此横祸。当然，最伤心的还是王朝云，眼睁睁看着幼儿死在她的怀里，"母哭不可闻，欲与汝俱亡"。她万念俱灰，欲与他共赴黄泉，不知何时才能走出丧子的阴影，像从前那样快乐幸福地生活。

她跟着苏轼四处漂泊，不安定的生活总归有个盼处。她不仅是苏轼生活上的伴侣，更是他灵魂上的知己，举手投足之间，二人便知对方心意。她最懂苏轼的词，最能体会苏轼词中所隐含的意蕴。她愿陪他尝尽世间一切，不离不弃，至死方休。这就是王朝云对苏轼的爱情，没有轰轰烈烈，却天地可鉴。

清苦的生活她无怨言，孤独愁苦的日子她也没有恨意，只要两个人在一起，就胜过世间一切。苏轼心中的愁苦，她一点一点地去化解，她那不求回报的陪伴，让苏轼感受到春天般的温暖。王朝云时常唱起苏轼在密州所作的《蝶恋花》，这首词能为他解愁，能让他从仕途的失意中走出来。苏轼每次听见这首曲子，心中就会涌起无限的感伤。

蝶恋花·春景

花褪残红青杏小。燕子飞时，绿水人家绕。枝上柳绵吹又少，天涯何处无芳草。

墙里秋千墙外道。墙外行人，墙里佳人笑。笑渐不闻声渐悄，多情却被无情恼。

正值暮春时节，杏花渐渐凋零，在树头上长出青涩的杏子。花儿落下了，那抹红色不复存在，一点一点地从枝头褪去。苏轼被贬至惠州，生命渐渐逝去，与杏花何其相似。他曾经也红过、艳过，在仕途中也有春风得意之时。但春天总有尽时，他的目光落在"残红"和"青杏"上，流露出怜惜之情，对春天消逝的伤感似乎有所减淡。他看到燕子在空中飞来飞去，不远处，清澈的河流绕着村落而过。一个"绕"字写活了春景，但少了杏花的点缀，失去了不少光泽。

柳絮迎风飞起，留在柳枝上的越来越少了。春天马上就要结束了，留下来的景色不多了。他并不担心，因为随处可见茂盛的芳草，那青绿的芳草不正是春天遗留下来的美景吗？他被贬至遥远的惠州时，已步入晚年，遥望故乡时心头泛起的是点点愁思，与那纷飞的柳絮何其相似。他又说"天涯何处无芳草"，表明了自己达观的人生态度，虽然已近暮年，但是他的人生仍然绿意盎然。

围墙里面传来少女荡秋千时发出的笑声，就连墙外经过的行人都能听得清清楚楚。这笑声是青春的笑声，旋律是青春的旋律，他不禁停下脚步，沉醉于这让人如痴如醉的欢声笑语之中。墙内是家，墙外是漂泊。墙内是欢愉的生活，是朝气蓬勃的少女，是令他怀念的青春年华。他渴望归家，渴望家的温暖。但是他却在墙外，是一个漂泊不定的路人，生活没有着落。他何曾归去，或许从未归去。

这时，墙内的笑声停止了，四周突然安静下来，他的心却怎么也无法平静下来。他说自己多情，却被无情的少女所伤。被这无情人撩起的是思乡之情。他感叹年华不再，感叹生命易老，无法再像以往那样无忧无虑地生活。他既没有伤春之感，也没有叹惋之情，有的只是对人生的一种思考和体会。

当王朝云唱到"枝上柳绵吹又少"时，她能体会到那种伤春的惆怅，能感受到苏轼心中的阵阵痛意，那是对春天的留恋之情。而

"天涯何处无芳草"一句，她又怎会不知这是一种聊以自慰。唱到最后"多情却被无情恼"时，她潸然泪下，泣不成声。这是她对苏轼被贬至惠州的感同身受，是她对苏轼人生遭遇不公的痛惜。

苏轼也从王朝云的歌声中体会到深切的情谊，所以，王朝云病逝后，他再也没有听过此词，这首词是他与王朝云之间最浪漫的回忆。

来到惠州的第二年，在端午节来临之际，苏轼特意填了一首词赠予王朝云。

殢人娇·赠朝云

白发苍颜，正是维摩境界。空方丈、散花何碍。朱唇箸点，更髻鬟生彩。这些个、千生万生只在。

好事心肠，着人情态。闲窗下、敛云凝黛。明朝端午，待学纫兰为佩。寻一首好诗，要书裙带。

此时的苏轼已经不是风度翩翩的少年，他年老体衰，进入无欲无垢的境界。他一生与佛结下不解之缘，对佛法的领会亦超出常人。这种"维摩境界"是人生的最高境界，清静无欲，方能不受世间苦痛所累。而王朝云则是"空方丈、散花何碍"，她一直跟在他身边，经历世间的是是非非，仍然年轻貌美。

他们一起谈佛论道，一起赏尽风花雪月。他说："这些个、千生万生只在。"一句胜过千言万语，胜过海誓山盟。他回忆着昔日的美好，只愿王朝云一生平安。"待学纫兰为佩"，希望她能永远保持高洁的形象。她的心愿却是能"寻一首好诗，要书裙带"，将苏轼的好诗系在裙带上，带在身边，就如同将他留在身边。

就在生活有所改善之际，王朝云因体弱多病，染上了瘟疫，久治不愈，日渐消瘦，苏轼万分焦急。

朝云诗

不似杨枝别乐天，恰如通德伴伶玄。

阿奴络秀不同老，天女维摩总解禅。

经卷药炉新活计，舞衫歌扇旧因缘。

丹成逐我三山去，不作巫阳云雨仙。

苏轼用白居易和刘伶元的典故来表明他与王朝云之间的情谊。在他人生的低谷，王朝云不离不弃、生死相随的情谊让他十分感动，何况王朝云是歌伎出身，能有如此真情实意更显得难能可贵。只是她的命太苦了，跟着他没有享过一天福，反而四处漂泊，还失去了唯一的儿子。

从那以后，她的生活发生了翻天覆地的改变。歌舞渐渐离她远去，她一心礼佛，与苏轼一同参透世间真理。她渴望将来能与苏轼一同登上仙山，再也不被凡尘俗世羁绊。她的改变与苏轼有着直接关系。苏轼与佛结缘，来到惠州后又住在嘉祐寺中，王朝云耳濡目染，自然受到影响。

王朝云生病后，苏轼想尽办法，也未能治好她的病，只能看着她离自己而去。临终前，她轻轻吟诵着苏轼手抄《金刚经》中的四句偈语："一切有为法，如梦幻泡影。如露亦如电，应作如是观。"

最后，她看了苏轼一眼，含笑而终。也许临死前看问题会透彻一些，她定是参悟了世间的真理，所以含笑而去。但是苏轼却陷入深深的痛苦之中，她将他独自丢在这偏远的惠州，叫他今后的日子怎么办？他泪如雨下，木然地望着王朝云，痛不欲生。

王朝云去世时才三十四岁，正是人生最好的年华。苏轼的恨意无处安放，只能以泪洗面。

西江月·梅花

玉骨那愁瘴雾，冰姿自有仙风。海仙时遣探芳丛，倒挂绿毛么凤。

素面常嫌粉涴，洗妆不褪唇红。高情已逐晓云空，不与梨花同梦。

苏轼在词中描绘的是惠州的梅花，象征着王朝云绝美的风姿和高洁不染的人品。惠州的梅花生长在瘴雾弥漫的大山里，却一点也不害怕这些瘴气。这是因为它有着玉洁冰清的风骨，有着仙人般的姿态。它吸引了居住在海里的仙人前来探视，瞧那倒挂在树上的绿毛小鸟，就是那仙人派来的使者。但是，对于海仙使者的到来，它却全然不理，独自绽放绝世容颜。

这里的"瘴气"代指苏轼与王朝云这些年所经历的风风雨雨。苏轼一生漂泊不定，生活不断考验着他们的爱情。无论苏轼沦落到何等境地，王朝云都一如既往地陪着他，与他共渡难关。他忧愁时，她唱歌哄他开心；他思乡时，她跳舞来愉悦他的心情。她的品性与梅花何其相似。正是因为她拥有纯洁的灵魂，才不惧怕生活中的任何磨难。

苏轼被贬到岭南时，王朝云也跟随他来到这里，最后却因不适应这边的气候，染上重病，离开了人世。苏轼想起王朝云的音容笑貌，心中不由得一阵难过。

可以说，苏轼笔下的梅花正是他心中的王朝云，梅花高洁的风骨正是王朝云最迷人的地方。她定是受到某个仙人的邀请才离他而去。梅花有天然的洁白，不屑于粉饰，就算被雨露冲洗，也不会褪去那天然的红色，反而显得更加美丽妖艳。他不禁感叹："高情已逐晓云空，不与梨花同梦。"它那高尚的情操已经随着晓云飞上了天空，自然不会再有梨花那样的梦想。所谓"晓"，便是"朝"；所谓"晓云"，便是"朝云"。苏轼将梅花高洁的情操全然赋予王朝云，流露出深深的怀念之情。

本以为王朝云会陪伴他走过人生的最后岁月，怎料王朝云却先他而去，一时竟生出"狂风卷朝霞""孤光挂天涯"的痛楚。

苏轼厚葬了王朝云，并在她的墓上建了一座六如亭，以此来纪念她。"六如"之意，正是她临终前所念的四句偈语。他将心中的思念化作绵绵不尽的祝福，希望她在另一个世界过得开心、幸福。

身边少了一个知心人，自然会孤独和寂寞。王朝云刚离去的那段时间，苏轼甚至不知如何面对以后的岁月。当他挑灯夜读时，仿佛能看到王朝云向自己走来，与她一同入梦，在梦里与她共度美妙的时光。后来他没有再娶，孤身一人走向人生的终点。

历经世间沉浮，他的心智已然成熟，心中再苦、再难受，也会强打精神，带着王朝云生前的梦继续走下去。

边陲南疆

如果不是朝廷将苏轼贬至儋州，他定然会守在王朝云墓前，继续陪她看尽风花雪月，度过人生最后的岁月。但是他低估了章惇，低估了其心中的恨意。

章惇数次想置苏轼于死地，都被苏轼巧妙地化解了，这令章惇很是不爽。

刚到惠州时，苏轼的生活确实很苦，因水土不服染上痔疾，发作时痛苦不堪，只能靠意志来抵抗。但他生性豁达，喜欢结交朋友，即便是在偏远的惠州，也结识了许多新朋友。不仅如此，他还尽己所能帮助惠州百姓，深受惠州百姓的爱戴。一天，苏轼诗兴大发，写下一首《纵笔》。

纵笔

白头萧散满霜风，小阁藤床寄病容。
报道先生春睡美，道人轻打五更钟。

来到惠州的苏轼不能住官邸，也不能租民宿，只得借住在嘉祐寺中。苏轼与佛门的缘分始终是道不尽、说不明，置身佛门之地，他感到无比的清净，也守望着内心的那一份旷达。春天到来时，嘉祐寺的和尚们刚刚做完早课，见苏轼还在睡觉，特意轻来轻往，就连五更的钟声，他们也都是轻轻地敲打，只为不打扰他的清梦。

苏轼从中感到了一种尊重，和尚们不因他是罪人而怠慢他，相反对他礼遇有加。他身上所背负的苦楚，在这温暖的人际关系中渐渐消散。在春风吹拂的午后，他听着寺院和尚的敲钟声，感到十分惬意。

这首诗本来没有什么问题，但在字里行间却透露出苏轼当时的生活状态。所以，这首诗传至朝廷后，大家深深为之震动，尤其是章惇，他读出了其中的安适、愉悦和自在悠闲。他将苏轼贬到惠州，是让他去受苦的，不是让他去享福的。于是，章惇再次出招，在宋哲宗面前说尽苏轼的坏话，请求将苏轼贬至儋州。

宋哲宗毫不犹豫地下达贬谪调令，将苏轼发配至儋州，并下令他不得签署公文。此时苏轼已是花甲之年，听闻要去遥远的海南，心里很不痛快，但这是朝廷的命令，他只能接受。不仅如此，苏辙也被贬到了雷州半岛。

苏轼决定让家人留在惠州，只带小儿子苏过一起前往儋州，毕竟渡海在当时是一件大事，稍有不测就可能生离死别，他不愿家人陪他冒险。

辞别家人后，苏轼从惠州出发，沿着西江而上，走了数百里水路，来到了梧州。这时他听说弟弟苏辙被贬至雷州半岛，刚刚经过梧州，于是让人带着书信快马加鞭去追苏辙，在滕州追上了苏辙，然后同行去雷州半岛。他万万没想到会在这极南之地再次见到苏辙，两人同吃同住，每日总有说不尽的话，道不尽的思念。

在雷州的这几天是苏轼与苏辙最后一次相见，之后两人天各一方。几天后，苏轼渡海去海南。临行前，他痔疾发作，十分痛苦，苏辙一直陪在他身边，默默地照顾他，并劝诫他少喝酒，要注意身体。这种善意的告诫，苏轼听着很舒服，因为这就是他渴望的温暖。事实上，他已抱着必死的决心，不知道自己能不能活着抵达海南，更不知道还有没有机会回到这里，他甚至在信中交代了后事。但他是幸运的，最后安全到达海南。

海南的生活比惠州和黄州都要艰苦。苏轼只是一个贬官，被流放至此，虽然有"琼州别驾"的官职，却没有实权。章惇还给他下了三条禁令：无权吃官粮，无权住官舍，无权签署公文。这其实相当于过着犯人的生活。

章惇一心想要苏轼死在海南，不然难平他心头之恨，其心肠之歹毒可见一斑。但是上天垂怜苏轼，他不仅没有死在海南，相反慢慢融入海南的生活之中，与海南的官民打成一片，再次感受到生活的乐趣。

减字木兰花·立春

春牛春杖，无限春风来海上。便丐春工，染得桃红似肉红。
春幡春胜，一阵春风吹酒醒。不似天涯，卷起杨花似雪花。

这是苏轼在儋州写的一首咏春词，词中处处呈现出欢乐的影子。海南的春光是绚丽多彩的，有牵着春天的耕牛，有拉着春天的犁杖，田野里一片生机盎然，无限的春风从海上吹来，染红了一树又一树的桃花。

那春天的绿幡，那春天的彩胜，那让他酒醒的春风，带着无尽的柔情蜜意，使他感受到无尽的温暖和惬意。这里不似天涯海角，春风卷起的杨花，就像漫天飞舞的雪花。他用海南没有的雪花来比拟海南早落的杨花，旨在表现海南也有中原之景。原来，他在天涯依然能欣赏美丽的景色。生活中的苦难无处不在，只有学会放下和接纳，才能从苦难中感受到快乐。

苏轼在海南的住所是一间破旧的小房子，屋顶漏雨，下雨时他只得把床移到不漏雨的地方。昌化军使张中看不过眼，动用公款帮苏轼修理了住所，苏轼这才住得舒服了些。但好景不长，这件事被湖南提举董必知道了，立即派人来到儋州，追究张中的责任，罢免了他的官职，又将苏轼赶出住所。

种种举措表明，他们要苏轼受尽折磨，但是他们小看了苏轼。苏轼生性豁达，随遇而安，再多的苦难也不能将他打倒。日子难熬，他也熬下来了。既然不让他住官舍，他就在桃椰林搭了一间茅屋，取名为"桃椰庵"。

儋州人对苏轼的到来表现了前所未有的热情，因为苏轼让他们喝上了甘甜的泉水。儋州靠近大海，当地百姓只能喝咸积水。咸积水对身体危害很大，很容易生病，但是由于儋州没有淡水，百姓们只能忍着。苏轼来到儋州后，四处观察，找到了多处泉眼，但这些泉水都不能喝。他继续寻找，意外发现了两个泉眼。这两个泉眼相隔不远，味道却截然不同，一口泉眼里的泉水十分咸涩，另一口却甘甜可口。他叫来当地村民，在那里开凿挖井，从此便有了可口的饮水。后来，这两眼泉水被称为"双井"。

苏轼渐渐融入海南的生活当中，感受着海南的风情。但在无数个寂寞的夜里，他只能写诗作词排解心中的苦闷。虽然病痛缠身，但他仍然自得其乐。

纵笔三首·其一

寂寂东坡一病翁，白须萧散满霜风，
小儿误喜朱颜在，一笑那知是酒红！

他自嘲是"病翁"，又嘲笑自己渐渐衰老，那"霜风"既显示须发之白，又透出一股凄寒之意，带给人无限的感伤。来儋州以前，他就染上了痔疾，一直未能治愈。如今他年事渐高，须发皆白，只能感叹岁月沧桑。他身边除了苏过，一个亲人也没有，内心十分孤寂，但他却将这种情绪融化在"一笑"之中。苏过见他脸色泛红，夸他容颜仍在，其实那是苏轼酒后的醉容。这"误喜"带着几分戏谑和诙谐，却缓解了他内心的哀愁。在否定与肯定之间，表现出的是一种乐观的人生态度。

纵笔三首·其二

父老争看乌角巾，应缘曾现宰官身。
溪边古路三岔口，独立斜阳数过人。

苏轼每次出门，周围的百姓都会围过来，一句"争看"写出了热闹的场景。事实上，来到儋州的苏轼过着再普通不过的生活。他知道自己是戴罪之身，不敢强求太多，否则又会受到政敌的打击。曾经的大官身份让他成为乡民关注的对象，在他们眼中，他是一个不同寻常的人。

儋州百姓没有因为苏轼从高位上落下来而对他有所轻视，反而对他格外热情。"乌角巾"原是隐士们喜欢戴的头巾，苏轼被贬儋州后，并未像隐士那样出门时戴上头巾。他的名气很大，仕途上的失意换来了文学上的成功。乡民的亲近让他感到了些许安慰，但是"应缘曾现宰官身"又增添了一丝悲愁，使他的心绪渐渐由热闹转为孤寂。

在儋州的生活是孤独的、无聊的。苏轼无事可做，只能独自站在溪边的路口，迎着夕阳，数着每一个经过的人。他内心不平，自叹命运坎坷。他才华出众，却被贬到这荒凉之地，靠着"数过人"来打发时间，这既显示出儋州之荒凉、人烟之稀少，又显露了他心中的悲凉。

纵笔三首·其三

北船不到米如珠，醉饱萧条半月无。
明日东家知祀灶，只鸡斗酒定膰吾。

北方运粮的船没有到来，米价越来越高，他已经有半个月没有吃饱饭了，更别提喝酒了。这首诗展现了他在儋州时的清苦生活。儋州农业落后，几乎不产大米，只能靠北方供给。北方的粮船不来，儋州的大米就会涨价，普通百姓根本吃不起，只能饥一顿饱一顿。这就是儋州当时的情况。不过到了祭灶的日子，东家便会杀鸡，烤肉，备下好酒，然后叫他去一起品尝，每到那时，他自会尽情一醉。

面对苦难，过多哀愁于事无补，不如好好过好眼前的生活，所谓兵来将挡，水来土掩，将来的事将来再说，过好当下最重要。

在儋州待了差不多三年，苏轼终于等来了朝廷的调令。宋哲宗病逝，朝政变更，宋徽宗即位后，大赦元祐老臣，苏轼被调至廉州。人生如梦，匆匆而来，匆匆而去，他注定只是一个过客，终究要离去，但他在儋州留下了自己的足迹，令后人回味无穷。

此生安归

　　"人生如逆旅，我亦是行人。"这句话充分概括了苏轼的人生轨迹。自从离开眉山后，他便过着漂泊不定的生活，尽管也得到过朝廷的重视，位及内相，但是他的一生却如诗中所言是一段苦旅，他只是一个过客。

　　儋州不是他生命的结束地，却是他人生的最后一站。在来到儋州前，他以为自己会死在儋州，身边只有一个儿子送终。万万没想到，朝政更替，他遇到大赦，使他有机会离开儋州，与亲人团聚。这是对他最大的安慰。

　　在儋州的这些年，他十分想念家人，想在人生最后的时光与家人团聚。虽然儋州百姓都希望他能留下来，可他不得不走。儋州百姓知道他喜欢喝酒，就挑着酒水和干粮，一路为他送行，一直送到老城的港口，看着他与苏过登船，等父子二人的影子消失于大海，他们才含着泪离开。

对苏轼来说，儋州只是他众多人生站点中的一个。但对儋州而言，苏轼却是独一无二的，是唯一一个改变儋州、福泽儋州数百年的人。

宋代的海南是一个名副其实的蛮荒之地，当地百姓不懂得治病，一个大夫也没有，生病了只能烧香祈福，很多本来可以治好的病痛，却不断恶化，夺走了许多人的生命。苏轼来到这里后，想尽办法改变儋州百姓的思维。他不仅亲自上山采药，考究药材的种类，还撰写医学笔记，帮助儋州百姓解除病痛。他还让儋州百姓开荒种地，尽量做到自给自足，以缓解粮船不到时无饭可吃的局面。

苏轼对儋州最大的贡献是开办教育。他教育贫苦人家的孩子，让他们重视读书，重视文化。他以一己之力努力改变儋州落后的局面。尽管他没有看到最后的成果，却在儋州埋下了知识的种子，使儋州有了自己的文化特色和根基。儋州百姓也给予了他足够的尊重，他们的热情融化了他内心的苦楚。

别海南黎民表

我本海南民，寄生西蜀州。
忽然跨海去，譬如事远游。
平生生死梦，三者无劣优。
知君不再见，欲去且少留。

无论去到哪里，苏轼总能释放出自己的人格魅力，让自己融入当地的生活。在杭州时，他愿作苏杭人；在徐州时，他成为徐州人；在惠州时，他愿长作岭南人；在海南，他同样将自己当作海南人："我本海南民，寄生西蜀州。"

想到要离开海南，苏轼内心多有不舍。一个人年纪越大，牵挂的东西就越多。他想念北方的家人，不知道自己还剩下多少时日，只想尽快归去与他们团聚。他将最好的自己留在了海南，留在了海南百姓的心中。当他站在船头遥望海南时，将所有的不舍都寄托给茫茫大海，愿海南百姓长治久安。

六月二十日夜渡海

参横斗转欲三更，苦雨终风也解晴。
云散月明谁点缀？天容海色本澄清。
空余鲁叟乘桴意，粗识轩辕奏乐声。
九死南荒吾不恨，兹游奇绝冠平生。

这是苏轼在海南的最后一首诗，抒发了他北归时的喜悦，以及对海南的种种不舍和眷恋。"欲三更"意味着黑夜已过去大半，马上就要天亮了。能在人生最后的岁月里遇到赦免，对他来说是一种难得的恩赐，他的心情自然大好。"苦雨"是他这些年所受之苦，现在终于要结束了，等来了天晴。

一阵风将云吹散，天空正明，还需要谁来点缀？天空本来就是如此澄明，大海本来就是这样澄澈。这里暗示他心灵如初，未曾改变。他乘船渡过大海，空怀着救世的理想，最终什么也没有做成。但到最后，他却能听见黄帝咸池中传来的优美乐曲，心里十分满足。

对于被贬到这个南荒之地，他心中并不怨恨，也不悔恨，因为这次远游是他一生中最奇特、最难忘的一段经历。他在这里体验到人生的种种苦难，思想更加成熟，人生更加完整。望着茫茫大海，他的思绪越飘越远……这一生他走过了太多的路，经历过太多的风浪。

西江月·世事一场大梦

世事一场大梦，人生几度新凉。夜来风叶已鸣廊，看取眉头鬓上。

酒贱常愁客少，月明多被云妨。中秋谁与共孤光，把盏凄然北望。

世间之事，在他眼中就是大梦一场。他时常感叹"人生如梦"，正是借助超脱世间万物的思想，来平衡心中的失意。人生不知道要经历多少个秋天。这里暗示着时间的流逝和生命的有限，自然节气的变化背后是起伏不定的人生宿命，是一种无可奈何。

一直以来，苏轼都十分渴望一展抱负，却屡次被贬，被排挤出京城，无法实现人生志向，内心无比凄凉。他未写一时一地一事，却站在更高的层次思考着人生的命运。

眼前是冷落的秋天，树叶的声响在回廊里回荡着，他看着镜中的自己，不觉间又多出了几根白发，这是岁月在他头上留下的痕迹，他已经不再年轻。他陷入沉思，思考生命的意义。他说"酒贱"，是因为自己遭贬斥，受到不公正的对待。他说"月明"，是因为朝廷小人当道，帝王听信谗言，以至于残害忠臣。

在这个中秋月圆之夜，他不知道谁能与他同赏这美丽的月色，不由得露出无尽的孤独和感伤。他凄然地凝望着北方，凝望着故里，举起酒杯一饮而下。他饮尽的是心中的苦涩，是几度秋凉。

起初，苏轼打算在宜兴安居，当时苏辙官居颍昌，遇赦后，他十分珍惜最后的岁月，于是写信劝说苏轼来颍昌与他相聚，一起生活。苏辙信中那句"桑榆末影，复忍离别"深深地打动了苏轼，他内心十分矛盾，他自然渴望能与苏辙团聚，实现"风雨对床"的约定。但在仔细考虑后，他决定不去颍昌，仍然留在常州。

他之所以拒绝苏辙的请求，是因为当时的政局。宋徽宗努力化解两党之间的矛盾，定然要进行适度的平衡。而这难免还是需要做出一些牺牲的。苏轼已经六十四岁了，他不愿再遭遇人生大难，只想安静地度过最后的日子。

自题金山画像

心似已灰之木，身如不系之舟。

问汝平生功业，黄州惠州儋州。

回首这一生，几起几落，但是骨子里的浩瀚之气始终在他心中流淌。尽管壮志未酬，他却收获了更多。在这花甲之年，很多事他都想明白了，如那"已灰之木"无欲无求，不再因外界的事情或喜或悲，这是一种大彻大悟。

他这一生四处为官，走过很多路，去过很多地方，吃过很多苦，就像一只无法系住的小船，永远不会在一个地方停下来。在每一个地方，他都留下了自己的足迹，实现了年轻时"应似飞鸿踏雪泥"的豪语。

说起平生最大的功业，他想到的不是杭州、密州和徐州，也不是在京城时的得意风光，而恰恰是他被贬谪的三个地方：黄州、惠州和儋州。

他从仕途失意的悲伤中走出来，体悟到人生的奥义。人生就是如此，失意也好，得意也罢，最终还是如梦一场。

来到常州后，苏轼突然一病不起，他感到大限将至，临终前留下遗言："吾生不恶，死必不坠。"世间生死，他早已看透。远在颍昌的苏辙听闻苏轼病重，急忙赶来常州。苏轼也努力坚持着，想见弟弟最后一面，可惜最终没有等到。七月二十八日，他已疲惫不堪，甚至听不清任何声音。

既然等不到，那也是命吧！苏轼深深地望了一眼身旁，一切还是那样熟悉。他仿佛听到窗外的脚步声，看到她们笑着向他走来。他微笑着，脸上浮现幸福的光芒，然后缓缓地闭上了眼睛。

他带走了一个时代，却留下了最绚烂的人生。